Peter Bukowski

Die Bibel ins Gespräch bringen

Erwägungen zu einer Grundfrage
der Seelsorge

11. Auflage 2022

Vandenhoeck & Ruprecht

Bibliografische Information der Deutschen Nationalbibliothek
Die Deutsche Nationalbibliothek verzeichnet diese Publikation in der
Deutschen Nationalbibliografie; detaillierte bibliografische Daten sind
im Internet über https://dnb.de abrufbar.

© 1994 – 11., unveränderte Neuauflage 2022
Vandenhoeck & Ruprecht, Theaterstraße 13, D-37073 Göttingen,
ein Imprint der Brill-Gruppe
(Koninklijke Brill NV, Leiden, Niederlande; Brill USA Inc., Boston
MA, USA; Brill Asia Pte Ltd, Singapore; Brill Deutschland GmbH,
Paderborn, Deutschland; Brill Österreich GmbH, Wien, Österreich)
Koninklijke Brill NV umfasst die Imprints Brill, Brill Nijhoff,
Brill Hotei, Brill Schöningh, Brill Fink, Brill mentis,
Vandenhoeck & Ruprecht, Böhlau, V&R unipress.

Alle Rechte vorbehalten. Das Werk und seine Teile sind
urheberrechtlich geschützt. Jede Verwertung in anderen als den
gesetzlich zugelassenen Fällen bedarf der vorherigen schriftlichen
Einwilligung des Verlages.
Umschlaggestaltung: Hartmut Namislow
Lektorat: Volker Hampel, Neukirchen-Vluyn
DTP: Volker Hampel
Druck und Bindung: Hubert & Co. BuchPartner, Göttingen
Printed in the EU

Vandenhoeck & Ruprecht Verlage |
www.vandenhoeck-ruprecht-verlage.com
E-Mail: info@v-r.de

ISBN 978-3-525-50188-7

Für Sylvia

Vorwort

Die Frage, wie sich die Bibel ins Gespräch bringen läßt, bewegt mich, seit ich 1976 als Vikar bei Helmut Tacke im Seelsorgekurs war. Nach Jahren einer gewissen Bibelverschwiegenheit im Raum kirchlicher Praxis empfanden viele von uns sein Programm »Glaubenshilfe als Lebenshilfe« anregend und orientierend; zudem waren wir fasziniert von Helmut Tackes Persönlichkeit: Er war gerade in seiner Leidenschaft für die Heilige Schrift ganz weltoffen und – was uns damals besonders wichtig war – alles andere als klerikal. So wurde ich mit manchen meiner KollegInnen, was die Seelsorge betraf, ein ›Tackianer‹.
Was mich allerdings schon bald verunsicherte, war die Beobachtung, daß meine theologisch-theoretische Entscheidung für Tackes Ansatz meinen Seelsorgegesprächen kaum anzumerken war: Faktisch betrieb ich beratende Seelsorge – nur weniger einfühlsam als KollegInnen, die bereits eine lange KSA-Schulung hinter sich hatten. Und wenn ich versuchte, die Bibel ins Gespräch zu bringen, wirkten entsprechende Passagen eher unpassend und hölzern.
Diese Erfahrung hat mich veranlaßt, der Frage nach Methoden und damit nach dem Lernen biblischer Seelsorge in größerem Maße ein eigenes Gewicht beizumessen – um so mehr, seit ich selbst VikarInnen im Fach Seelsorge zu unterrichten habe. Das Ergebnis meiner theoretischen Erwägungen und praktischen Versuche lege ich hiermit einer breiteren Öffentlichkeit vor, in der Hoffnung, daß sie zum eigenen Ausprobieren anregen.
Ich führe die Seelsorgekurse zusammen mit Frau Dipl.-Psych. Dorothea Damrath-Haacker durch. Viele Anre-

gungen, die ich in den nunmehr sieben Jahren einer intensiven Arbeitsgemeinschaft von ihr bekommen habe, sind in dieses Buch eingeflossen; deshalb gilt ihr mein besonderer Dank.
Die KollegInnen Christine Herling und Achim Reinstädtler haben die Erstfassung des Manuskripts kritisch gegengelesen und mir mit Korrekturvorschlägen geholfen; ihnen sei ebenso gedankt wie Herrn Dr. Volker Hampel vom Neukirchener Verlag für seine sachkundige und sorgfältige verlegerische Betreuung.
Die Evangelische Kirche im Rheinland, die Lippische Landeskirche sowie die Niederländisch-reformierte Gemeinde in Wuppertal haben durch die freundliche Gewährung eines Druckkostenzuschusses, Herr Wolfgang Fischbach durch die kostenlose Umschlaggestaltung geholfen, den Preis des Buches niedrig zu halten. Auch dafür danke ich herzlich.
Vor 25 Jahren habe ich am ersten Tag meines Theologiestudiums – meine Frau kennengelernt; ihr sei dieses Buch in Liebe gewidmet.

Wuppertal, im Juni 1994   Peter Bukowski

Inhalt

Vorwort	7
Einleitung	11
Die Bibel	15
... ins Gespräch	25
... bringen	43
I. Wenn wir gefragt werden	45
II. Wenn wir nicht gefragt werden	55
1. Das Einbringen einer biblischen Geschichte	55
2. Das Einbringen eines biblischen Gedankens	66
3. Biblische Sprachhilfe	70
a) Zum Thema Wut	71
b) Zum Thema Müdigkeit	78
Exkurs: Zur Kunst, ein Gespräch zu beenden	83
a) Rückschau und gemeinsame Bewertung	87
b) Verabredung	88
c) Wegzehrung	90
d) Gute Wünsche	92
4. Biblische Bündelung	92
5. Gebet und Segen	96
Schluß: ›Wachstumsfördernde Maßnahmen‹	104

Einleitung

Der vorliegende Beitrag will dazu ermutigen, die Bibel ins seelsorgerliche Gespräch zu bringen. Dabei werde ich mich besonders auf solche Seelsorgesituationen konzentrieren, in denen unsere GesprächspartnerInnen Klärung und Hilfe in ihrer derzeitigen Lebenslage suchen, uns aber von sich aus nicht auf Fragen des Glaubens ansprechen. Die meisten Gespräche, die wir als PfarrerInnen zu führen haben, sind dieser Art, und an ihnen hat sich immer wieder die Frage nach dem Proprium der Seelsorge entzündet.

Die These, die ich entfalten möchte, ist sehr schlicht: *Wir können die Bibel ins Gespräch bringen, weil und sofern ihre Botschaft für unser Gegenüber heilsam und zur Bewältigung seiner augenblicklichen Lage hilfreich ist.* Kürzer und etwas salopp formuliert: Wir können die Bibel ins Gespräch bringen, weil es praktisch ist.

Diese These hat eine kritische Pointe, weil sie bewußt die Frage unterläuft, mit der ich als Ausbilder in diesem Zusammenhang immer wieder konfrontiert werde – die Frage, ob man die Bibel ins Gespräch bringen »muß« bzw. »nicht darf«. Diese Frage steht in der Wirkungsgeschichte der poimenischen Konzeptionsdebatten der frühen 70er Jahre und schreibt die damals immer wieder anzutreffenden falschen Alternativen auf ihre Weise fort. In der heißen Phase der Auseinandersetzung konnte man bisweilen den Eindruck gewinnen, als stritten hier bibelfreundliche Menschenfeinde mit menschenfreundlichen Bibelfeinden. Ich erinnere nur an die fast schon ritualisierte Polemik, mit der man sich in den jeweiligen Eingangskapiteln von Büchern über beratende Seelsorge gegen den Ansatz Eduard Thurneysens (von Hans Asmussen gar nicht zu reden) wandte[1]. Und ich erinnere andererseits daran, wie im Gegenzug – bis hin zu kirchenleitenden Eingriffen in die Ausbildung – Konzepte der beratenden Seelsorge bekämpft und als Verrat am kirchlichen Auftrag disqualifiziert wurden – bis dahin, daß berufene und noch mehr unberufene Geister meinten, etwa an dem, was der Begriff »Selbsterfahrung« umschreibt, ihr theologisches Mütlein erproben zu müssen[2]. Heute ist die Gesprächslage in Theologie und Kirche differenzierter geworden. Manches Mißverständnis konnte ausgeräumt und manche überzogene Einseitigkeit überwunden werden. Um so mehr könnte man über die Streitigkeiten aus den Anfängen der Seelsorgebewegung getrost den Mantel der Liebe decken und sich damit beruhigen, daß das Aufstellen von und Sich-Abarbeiten an Alternativen nun einmal zu den Produktionsbedingungen von Theologie gehöre – wenn jener Streit auf die Auszubildenden (um nur diese zu nennen[3]) nicht dergestalt eine schädliche *Langzeitwirkung* gehabt hätte, daß sie in ihrer Suche nach pastoraler Identität und Kompetenz beeinträchtigt wurden.

Die Frage, ob ich die Bibel ins Gespräch bringen »muß« bzw. »nicht darf«, ist ja nicht zuletzt deshalb problematisch, weil so oder so pastorales Handeln – psychologisch gesprochen – an einer abstrakten Überich-Forderung

---

1 Vgl. etwa *J. Scharfenberg*, Seelsorge als Gespräch. Zur Theorie und Praxis der seelsorgerlichen Gesprächsführung, Göttingen ⁴1987, 14ff. Die ›andere Seite‹ stand freilich an Polemik nichts nach; vgl. *R. Bohren*s Auseinandersetzung mit Scharfenberg in: *ders.*, Daß Gott schön werde. Praktische Theologie als theologische Ästhetik, München 1975, 213ff.
2 Vgl. zum Beispiel *H.-K. Hofmann*, Psychonautik-Stop, Wuppertal 1977.
3 Seine Langlebigkeit zeigt der alte Streit auch auf anderen Ebenen; vgl. *Chr. Möller*, Nachwort zur 3. Aufl., in: *H. Tacke*, Glaubenshilfe als Lebenshilfe. Probleme und Chancen heutiger Seelsorge, Neukirchen-Vluyn, ³1993, 295ff und die »kritische Antwort« von *D. Spitzbart* in DtPfrBl 93 (1993), 605.

orientiert wird. Wir werden später sehen, welche Gefahren das im Detail mit sich bringt. Hier nur soviel: Je mehr ich mein Verhalten an einer äußeren und zudem abstrakten Norm orientiere, droht ein Kontaktverlust zum eigenen Selbst, zum Gegenüber und zur Situation. Statt mich ganz in den Fluß des Gesprächs zu begeben, läuft dann etwa ständig die Frage mit, wann ich zum ›Eigentlichen‹ kommen »muß«, oder ob ich das, was ich als Christ jetzt gerne sagen würde, auch sagen »darf«. Wohlgemerkt, die Betonung liegt auf der *Äußerlichkeit* und Abstraktheit der Norm. Damit ist nichts gegen handlungsleitende Maximen gesagt, sofern ich sie mir wirklich zu eigen gemacht, das heißt in mein Verhalten integriert habe.

Was ich zuletzt in psychologischen Kategorien ausgeführt habe, erhält im Kontext unserer Fragestellung noch einmal eine besondere Brisanz, geht es doch um die Botschaft der Bibel, also um das heilsame Evangelium. Da stelle man sich vor, was es bedeutet, wenn diese lebenspendende Kraftquelle unter der Hand zu einer uns von außen gestellten ›Hausaufgabe‹, zu einem im Gespräch irgendwie abzuleistenden Arbeitspensum verkommt! Die Frage, wie sich die Bibel ins Gespräch bringen läßt, ist deshalb nicht zu trennen von der Frage, welche Rolle sie in unserem eigenen Leben spielt[4]: Entweder lebe ich als SeelsorgerIn aus jener Quelle, dann werde ich sie auch in das seelsorgerliche Gespräch einfließen lassen; dann wäre es, um meine Eingangsthese umzukehren, geradezu unpraktisch, dies nicht zu tun. Oder mir ist (in der Seelsorge) der Zugang zum Evangelium verstellt, dann kann ich es gar nicht hilfreich zur Sprache brin-

---

4 *H.J. Iwand* hat in den Göttinger Predigtmeditationen immer wieder daran erinnert, daß unsere Predigtnot jenseits aller technischen Probleme, theologischen Fragen sowie gesellschaftlichen und kirchlichen Rahmenbedingungen letztlich in unserer Glaubensnot begründet liege. Dies gilt meines Erachtens ebenso für die Seelsorge; vgl. *ders.*, Predigt-Meditationen, Göttingen ³1963, vor allem die dort abgedruckten Vorworte.

gen. Alles konzeptionell geforderte »Müssen« führt dann nicht weiter, denn worüber man nicht reden kann, soll man bekanntlich besser schweigen. Diese Äußerung bedarf allerdings einer doppelten Präzisierung:
Zum einen: Zum Glauben gehört immer auch der Zweifel. Es ist also nicht so, als wäre mir in Zeiten der Anfechtung schlechterdings der Mund verboten (obwohl auch dies bisweilen heilsam sein könnte)! Das heißt konkret: Ich werde in solchen Zeiten von dem reden können, was zu glauben ich selbst ersehne, werde also all dies sagen können, was ich für glaub*würdig* erachte, in der Hoffnung, ein solches Zeugnis möge nicht nur in meinem Gegenüber, sondern auch in mir seine Kraft entfalten[5].
Zum anderen, und im jetzigen Kontext besonders zu betonen: Daß ich im Vollzug der Seelsorge nur ›meinen‹ Glauben ins Gespräch bringen kann, besagt nicht, dieser Glaube würde sich aus mir selbst speisen – dies wäre ein wahrlich heilloser Subjektivismus. Im Gegenteil: Glaube ist das Vertrauen auf den, der *von außen* auf uns zukommt und mich und meine(n) GesprächspartnerIn trägt.
Wie der biblisch begründete Glaube in der Seelsorge wirksam wird, möchte ich im folgenden entfalten. Ich beginne mit einigen grundsätzlichen Erwägungen zur Theologie der Seelsorge sowie zu den speziellen Bedingungen seelsorgerlicher Kommunikation, die sich aus ihrem Gesprächscharakter ergeben. Das Hauptgewicht meiner Ausführungen wird darauf liegen, Formen vorzustellen, in denen sich die Bibel gesprächsgerecht einbringen läßt. Wem die praktische Frage auf den Nägeln brennt, dem/der mag der Anmarschweg reichlich lang vorkommen. In diesem Fall empfehle ich, die Lektüre mit dem dritten Teil zu beginnen und die Überlegungen zum generellen und speziellen Proprium der Seelsorge hintenanzustellen.

---

5 Vgl. dazu ausführlicher *P. Bukowski*, Predigt wahrnehmen. Homiletische Perspektiven, Neukirchen-Vluyn [2]1992, 53ff.

Die Bibel

Helmut Tacke hat die evangelische Seelsorge als ein Geschehen gekennzeichnet, das sich im »Schutzbereich des Namens« vollzieht[6]. Ich halte diese Bestimmung deshalb für besonders glücklich, weil sie auf die zentrale biblische Geschichte anspielt, in der Gott sich als der Menschenfreundliche, als der Helfer und Seelsorger zu erkennen gibt: Nach seinem Namen gefragt, antwortet Gott Mose: »Ich bin der, der (für euch) da ist« (Ex 3,14). Auf die (alle seelsorgerlichen Einzelfragen umfassende) Frage des Mose: »Wer bin ich?« spricht Gott ihm zu: »Ich werde mit dir sein«[7]. *Die in der Selbstvorstellung Gottes zugesprochene Verheißung ist Grund und Horizont evangelischer Seelsorge und bildet zugleich den Bezugsrahmen für unser Handeln.* Ich möchte dies in dreifacher Hinsicht erläutern:

– Seelsorge im Schutzbereich des Namens – das bedeutet für mich als SeelsorgerIn: Im Hören auf Gottes Wort erfahre ich mich als der Seelsorge Gottes bedürftig und zugleich von ihr getragen; reformatorisch gesprochen: als gerechtfertigter Sünder. Als solcher weiß ich um die Bruchstückhaftigkeit all meines Tuns, und zwar so, daß ich die Grenzen meiner Möglichkeiten akzeptieren kann – und gerade wenn ich das, was ich hier idealtypisch ausführe, nicht »kann«, vertraue ich darauf, daß ich mit meinem Versagen, meinem Scheitern und meiner Schuld erneut bei dem Zuflucht finde, der sich mir in seiner Verheißung versprochen hat. Dies befreit mich von übergroßem Leistungsdruck oder schädlichem Perfektionismus, so daß ich die Begegnung mit dem anderen Menschen in einem angstfreien Raum suchen kann: Gerade indem mir die Angst vor mir selbst ge-

---

6 Vgl. *H. Tacke*, Glaubenshilfe (s. oben Anm. 3), 77ff; Tacke knüpft damit an *R. Bohren*, Predigtlehre, München ³1974, 90 an, der die Predigt als »Namenrede« charakterisiert hat; beide sind stark beeinflußt von *K.H. Miskotte*, Wenn die Götter schweigen, München 1963.
7 Vgl. dazu *P. Bukowski*, Ich werde mit dir sein. Zum Verhältnis von Psychotherapie und Seelsorge, PTh 74 (1985), 426ff.

nommen wird, bin ich frei, mich jetzt dem anderen zuzuwenden.
– Seelsorge im Schutzbereich des Namens läßt mich mein Gegenüber in einem spezifischen Licht sehen. Nicht so, als würde das, was mein Gegenüber mir von sich und seiner augenblicklichen Lage kundtut, irgendwie weggeblendet oder übertüncht; wohl aber so, daß ich »in, mit und unter« all dem, was er oder sie über sich sagt und von sich zeigt und was ich so genau und vorbehaltlos wie möglich wahrnehmen werde, auch dies sehe: Der Mensch, der mir gegenübersitzt, ist, ob er es weiß oder nicht, Gottes Kind. Er ist ein von ihm unendlich geliebtes und unbedingt gewolltes Wesen; vielleicht ein ängstliches oder ein verzweifeltes, vielleicht ein mühsam überbemühtes oder ein frivoles und in Schuld verstricktes – aber eben doch ein Wesen, an dem Gott baut.
Die Wahrnehmung des anderen Menschen im Licht des Evangeliums hilft mir zum einen bei der ›Diagnose‹. Ich werde der geistlichen Dimension seiner augenblicklichen Lebenslage gewahr werden. Ich werde etwa den frohen Bericht von einer überstandenen Krankheit oder von der Fürsorge, die die Kinder einem alt gewordenen Menschen entgegenbringen, als Zeichen der Güte Gottes verstehen. Ich werde ebenso hinter einem Satz wie: »Aber dafür hat man sich schließlich auch bemüht« oder: »Ich habe aber auch immer gesund gelebt« die Selbstgerechtigkeit entdecken, die da meint, gelungenes Leben wäre allein auf das Konto der eigenen Anstrengung zu verbuchen. Ich werde, um ein weiteres Beispiel zu nennen, die geistliche Notlage dessen erkennen, den Psychologen den narzißtischen Persönlichkeitstyp nennen, also eines Menschen, der meint, seiner selbst sicher zu werden im Spiegel der Bewunderung und der Anerkennung anderer, die er sich deshalb, koste es, was es wolle, immer und immer wieder holen muß[8]. Im Grunde mißbraucht

---

8 Einen guten Einstieg in die Thematik und einen Überblick über die umfangreiche Narzißmusforschung bietet in ihrer Tübinger An-

er andere Menschen, weil er ihnen etwas abverlangt, was sie in Wahrheit nicht leisten können: ihn in seiner Existenz zu rechtfertigen. Ein Narzißt ist umgetrieben, greift stets nach anderen aus und leidet in seiner Ichbezogenheit doch notorisch Mangel. Weil er die Selbstgewißheit, die nur Gott ihm geben könnte, da sucht, wo sie nicht zu finden ist, wird er ein verzweifeltes Leben führen und den anderen zur Plage werden. Was auf den ersten Blick abstoßend wirkt: sein ständig auf Beifall bedachtes Imponiergehabe etwa, erschließt sich im Licht der Bibel als geistliche Notlage eines von seiner Quelle abgeschnittenen, also im Bannkreis der Selbstrechtfertigung gelebten Lebens.

Diese Beispiele deuten übrigens schon an, daß man psychologisch geschulte und theologisch profilierte Wahrnehmung nicht gegeneinander ausspielen sollte. Es handelt sich um zwei Perspektiven, die jeweils ihr Recht und für die Seelsorge ihren Wert haben, weil beide dazu beitragen (können), unser Gegenüber und das, was ihn oder sie bewegt, zu verstehen[9].

Das Wahrnehmen eines Menschen im Licht des Evangeliums trägt auch wesentlich dazu bei, daß ich offen bin für ihn und, wenn es denn gelingt, mit ihm eine Vision seines weiteren Weges zu entwickeln. Was Rudolf Bohren einmal im Blick auf die Predigtarbeit gesagt hat, gilt auch für die Seelsorge: Wir sollen unser Gegenüber im Licht seiner Erwählung »erfinden«[10]. »Ihr seid Licht in

---

trittsvorlesung *G. Schneider-Flume*, Narzißmus als theologisches Problem, ZThK 82 (1985), 88ff; als psychologische Einführung ist gut lesbar *S.M. Johnson*, Der narzißtische Persönlichkeitsstil, Köln 1988; vgl. zur theologischen Problematik auch *Chr. Gestrich*, Die Wiederkehr des Glanzes in der Welt. Die christliche Lehre von der Sünde und ihrer Vergebung in gegenwärtiger Verantwortung, Tübingen 1989, 196ff.
9 Diese Bemerkung schließt nicht aus, daß um anthropologische Fragen zwischen Theologie und Psychologie je und je auch gestritten werden muß.
10 *R. Bohren*, Predigtlehre (s. oben Anm. 6), 465.

dem Herrn« (Eph 5,8) oder: »Zur Freiheit hat uns Christus befreit« (Gal 5,1) – solche und ähnliche Zusagen lassen mich aufmerken auf Zeichen der Hoffnung, auf vielleicht bisher noch unentdeckte Kraftquellen und Potentiale meines Gegenübers. Die Botschaft der Bibel hilft mir dabei insbesondere, zu realistischen, in den heilsamen Grenzen menschlicher Lebensbedingungen verbleibenden Visionen zu gelangen; also gerade nicht den populären Illusionen leidfreien, ständig glücklichen, immer fiten und erfolgreichen Lebens (in denen mein Gegenüber bewußt oder unbewußt gefangen sein mag) auf den Leim zu gehen[11]. So kann ich mein Gegenüber ermutigen, kleine Schritte zu tun bzw. realistische Ziele ins Auge zu fassen; und ich werde dabei nicht verschweigen, daß der Weg in die Freiheit durch die Wüste führt.
– Der Name, in dessen Schutzbereich evangelische Seelsorge geschieht, prägt auch die Bedingungen ihres Vollzugs. Seelsorge wird dann in jedem Fall ein *Akt der Freiheit* der Kinder Gottes sein. Sie ist die freie Begegnung zwischen einem Ich und einem Du, also nicht der Zugriff eines Ich auf ein irgendwie zu bearbeitendes oder zu vereinnahmendes Es. Vor allem jede Form geistlich motivierter Vereinnahmung verbietet sich somit vom Ansatz her. Konkret: Die Notlage meines Gegenübers darf nicht ausgenutzt werden, um ihn oder sie in irgendeiner Weise zum Objekt zu degradieren, auch und gerade nicht zum Missionsobjekt. Wenn wir die Bibel ins Gespräch bringen, werden wir das um des oder der anderen willen tun: aus Freiheit und auf Befreiung hin – und nicht als Mittel zum Zweck eines ›cogite intrare‹.
Um diesen Gedanken systematisch-theologisch zu vertiefen, mache ich noch einmal eine Anleihe aus dem Be-

---

11 Vgl. *U. Eibach*, Theologie in Seelsorge, Beratung und Diakonie, Bd. 1: Heilung für den ganzen Menschen? Ganzheitliches Denken als Herausforderung von Theologie und Kirche, Neukirchen-Vluyn 1991, 19–49.

reich der Homiletik. Walter Fürst hat die Predigt einmal als (im reformatorischen Sinne des Wortes) »gutes Werk« charakterisiert[12]. Die Pointe dieser Charakterisierung liegt in der Unterscheidung zwischen unserem Auftrag (also dem, was wir tun sollen) und der uns gegebenen Verheißung (also dem, was wir vom Heiligen Geist erbitten). Diese Unterscheidung besagt, auf die Seelsorge gewendet: Unser Auftrag besteht in der Hinwendung zum Nächsten im Schutzbereich des Namens. Dafür, daß wir der anderen Person wirklich gerecht werden, unsere Zuwendung ihr guttut und für sie hilfreich ist, können und müssen wir viel tun; hier läßt sich vieles lernen. Dies ist auch der Ort, wo wir aus dem Bereich der Humanwissenschaften solche Einsichten und Methoden aufzunehmen haben, die sich im Prozeß des Verstehens und Begleitens als hilfreich erweisen. Die unserer seelsorgerlichen Bemühung gegebene Verheißung zielt auf die Hoffnung, unser Gegenüber möge das »Ich bin mit dir« Gottes als Halt und Lebenshilfe erfahren. Wer nun den Auftrag auf die Verheißungsseite rückt, also dem Heiligen Geist ›zuschiebt‹, macht sich unfrei durch Unterlassung: Er begibt sich der ihm von Gott bereitgestellten Möglichkeiten, zu denen etwa auch das theoretische und praktische Repertoire der Psychotherapie gehört. Anstatt alles zu prüfen und das Gute zu behalten, vertraut er in unfrommer Weise darauf, daß der Heilige Geist es schon richten werde. Auch nach 25 Jahren Seelsorgebewegung in Deutschland[13] trifft man

---

12 Vgl. *W. Fürst*, Das gute Werk der Predigt, in: *H.-G. Geyer u.a.* (Hg.), Freispruch und Freiheit. Theologische Aufsätze für Walter Kreck zum 65. Geburtstag, München 1973, 85ff; vgl. *ders.*, Die Predigt der Rechtfertigung des Gottlosen. Homiletik als ein Kapitel der theologia crucis, in: *F. Viering* (Hg.), Das Kreuz Jesu Christi als Grund des Heils, Gütersloh ³1969, 115ff.
13 Vgl. dazu zuletzt WzM 45 (1993), H. 8, wo unter der Überschrift »Seelsorgebewegung« kritische Bilanz gezogen wird. Besonders erhellend fand ich den Aufsatz von *M. Josuttis*, Seelsorgebewegung und Praktische Theologie, ebd., 460ff.

in manchen kirchlichen Kreisen immer noch auf ein erstaunliches Maß an Ignoranz. Besonders augenfällig tritt sie beim Streit über die Aufnahme von Selbsterfahrungselementen in die Seelsorgeausbildung zutage. Allgemein formuliert liegt ein Ziel von Selbsterfahrung in der Seelsorgeausbildung darin mitzuhelfen, daß mein Gegenüber (und ich selbst) nicht Opfer meiner unbewußten Projektionen und Gegenübertragungen wird. Deshalb wird mit Hilfe von Übungen und in Gesprächen versucht, der je eigenen prägenden Lebens- und Verhaltensmuster gewahr zu werden. Wenn ich etwa meinen Perfektionismus unbewußt mit mir herumtrage, werde ich ihn in jedes Seelsorgegespräch mit hineinnehmen – womöglich in der Annahme, er sei eine besondere Tugend[14] – und gerade so an meinem Gegenüber etwas ausagieren, was ihm eher schadet als nutzt. Man sollte denken, dieser Sachverhalt sei einsichtig und die Notwendigkeit unstrittig, daß in der Seelsorgeausbildung die Person des Seelsorgers thematisiert werden muß. Um so mehr erschreckt mich die mit Unwissenheit gepaarte Kaltschnäuzigkeit solcher TheologInnen, die meinen, unter Verweis auf mißlungene oder auch mißbräuchliche Selbsterfahrung (die es gewiß ebenso gibt wie verunglückte exegetische Seminare) vor diesem Element grundsätzlich warnen zu müssen. Als habe Gott uns nicht auch aus dem Bereich der Profanität viel Hilfreiches und Nützliches zu sagen und zu lehren! Der Heilige Geist ist nicht zuletzt ein ausgemachter Feind von Faulheit und Ignoranz!
Es gibt freilich auch einen bedenklich weiten Pendelausschlag zur anderen Seite hin. Manche sind von sozialwis-

---

14 Die besondere Herausforderung von Selbsterfahrung und zugleich das größte Verdienst der Seelsorgebewegung liegt meines Erachtens darin, daß sie unter uns TheologInnen die Frage wachhält, wo wir unsere persönlichen Eigenarten, Unarten oder auch Schattenseiten theologisch rationalisieren bzw. rechtfertigen. Wir sind allzu schnell bei der Hand, Perfektionismus in »Auftragstreue«, Rechthaberei in »Wahrheitseifer«, mangelndes Mitgefühl in »Sachlichkeit« umzudeuten, kurz: aus der Theologie eine Ideologie zu machen.

senschaftlichen Methoden geradezu überfasziniert und vergessen darüber, daß zu unserem Auftrag zuerst und vor allem eine gediegene biblisch-theologische Ausbildung gehört, die ihrerseits ein großes Maß an fortwährender Einübung erfordert – sowie ein Zutrauen in den Wert dessen, was nun einmal unsere ureigenste Sache ist. Mir scheint, daß die Ablehnung wie die Überschätzung der Psychotherapie im Raum der Kirche die beiden Seiten einer Medaille darstellen, beide begründet in einer mangelnden Gewißheit bezüglich des eigenen Grundes[15] – der es nicht nötig hat, abgeschirmt zu werden, und nicht verdient hat, geringgeachtet zu werden.
Wer andererseits die Verheißung zu seinem Auftrag erklärt, macht sich und sein Gegenüber unfrei durch Überforderung. Zwar können und sollen wir die Bibel ins Gespräch bringen, in Gottes Namen und um des Nächsten willen, aber wir sind befreit von jedem Druck, den Glauben unseres Gegenübers ins Werk setzen zu müssen. Dies bewahrt uns nicht nur vor schädlichem Verkündigungsdruck, dies wird uns auch manche ungeistliche Frustration ersparen. Wenn am Ende all unserer Bemühungen nur (aber was heißt hier eigentlich »nur«) Lebenshilfe herauskommt, brauchen wir das nicht als Mißerfolg zu verbuchen. Die Kraft Gottes, unter dessen Schutz wir einander begegnen, reicht gewiß weiter, als unsere Augen zu sehen vermögen, und sie wird unser Gegenüber auch dann weiterhin begleiten, wenn unsere seelsorgerliche Begegnung an ein Ende gekommen ist.
Soviel zum Grundsätzlichen. Auf dem Weg zur Beantwortung der Frage, wie sich die Bibel nun konkret ins Gespräch bringen läßt, erörtere ich in einem Zwischenschritt die speziellen Rahmenbedingungen, die sich aus dem Gesprächscharakter der Seelsorge ergeben.

---

15 Vgl. zuletzt *M. Josuttis*, Petrus, die Kirche und die verdammte Macht, Stuttgart 1993, bes. 47–60.

… ins Gespräch

Eine seelsorgerliche Begegnung vollzieht sich in der Regel als freies Gespräch. Andere Elemente können hinzutreten, in besonderen Fällen sogar in den Vordergrund rücken: etwa die ›handfeste‹ diakonische Hilfeleistung, wenn eine konkret zu behebende Not im Vordergrund steht, oder die nonverbale Kommunikation, wenn ein Mensch nur noch über direkten Körperkontakt zu erreichen ist. Wir wollen aber hier den ›Normalfall‹ ins Auge fassen, für den das freie Gespräch zwischen zwei oder mehreren Menschen konstitutiv ist. Man redet in diesem Zusammenhang vom »speziellen Proprium« der Seelsorge, um anzuzeigen, daß sie sich darin von anderen Grundformen pastoralen Handelns in spezifischer Weise unterscheidet, etwa von der Predigt oder vom kirchlichen Unterricht. Seelsorge geschieht eben nicht primär als monologische Verkündigung, in ihr wird auch kein vorgeplanter Lernprozeß initiiert, sondern sie geschieht als freies Gespräch. Was aber heißt das im Blick auf die Bedingungen seelsorgerlicher Kommunikation?

Es ist wichtig, daß wir uns vor allen weiteren Erwägungen eines in Erinnerung rufen: Ein in Freiheit geführtes Gespräch, das darauf zielt, einander zuzuhören, einander zu verstehen, sich so zu begegnen, daß man den anderen gelten läßt und sich für ihn oder sie interessiert – ein solches Gespräch *ist* hilfreich und oftmals heilsam: In der Begegnung mit einem mir zugewandten Du finde ich zu mir selbst[16]. Das aufmerksame Zuhören des anderen erlaubt es mir, mich auszusprechen. Auf diese Weise werde ich mir dessen, was mich bewegt, bewußter und werde unter Umständen in die Lage versetzt, neue Perspektiven zu entwickeln. Jeder und jede von uns hat sol-

---

16 Ich halte es daher für einen Fortschritt, daß in neueren Seelsogekonzeptionen eine einseitige Orientierung der seelsorgerlichen Begegnung – sei es am Modell der Therapie, sei es am Modell der Verkündigung – überwunden worden ist; vgl. etwa *H. van der Geest*, Unter vier Augen. Beispiele gelungener Seelsorge, Zürich 1981, 223ff sowie *M. Nicol*, Gespräch als Seelsorge. Theologische Fragmente zu einer Kultur des Gesprächs, Göttingen 1990, 159ff.

che Erfahrungen schon gemacht, von denen wir im nachhinein sagen: »Das war ein gutes Gespräch.«
Nun geht es in der Seelsorge darum, daß wir diese Erfahrung, die der Alltag eben auch oft verbaut, weil uns zu vieles hindert, einander in der eben beschriebenen Weise zugewandt zu sein – daß wir diese Erfahrung unserem Gegenüber gezielt zukommen lassen wollen: Wir bieten uns als GesprächspartnerIn an, in der Hoffnung, die Begegnung mit uns möge dem Gegenüber guttun. Dazu bedarf es einer bewußten inneren Einstellung: Mein gesammeltes Interesse gilt der anderen Person, und ich verfolge keine anderen Absichten, als ihr gerecht zu werden, also sie in ihrer derzeitigen Lebenslage zu verstehen, mit ihr zu klären, was sie will, und gegebenenfalls bei der Suche nach Perspektiven zu helfen.
Um diese Einstellung in ein entsprechendes Gesprächsverhalten umsetzen zu können, helfen uns Kenntnisse, die die Kunst der Gesprächsführung betreffen, sowie Übung. Um beides bemüht sich die Seelsorgeausbildung seit vielen Jahren, und im Rahmen meiner Fragestellung ist es nicht möglich, dies gleichsam im Schnellverfahren zu vermitteln, ganz abgesehen davon, daß hier im Grundsätzlichen wie im Methodischen eine große Vielfalt von Meinungen und Ansätzen vorherrscht. Wohl aber ist es angebracht, einige Überlegungen zum gesprächsgerechten »Basisverhalten« anzustellen, weil sich daraus unmittelbare Konsequenzen für unsere Frage ergeben, wie die Bibel ins seelsorgerliche Gespräch gebracht werden kann. Denn soviel dürfte schon deutlich sein: *In der Seelsorge gilt es, die Bibel gesprächsgerecht einzubringen, also nicht gegen die Dynamik des Gesprächs und erst recht nicht als Abbruch desselben.*
Viele therapeutische und seelsorgerliche Richtungen sind sich darin einig, daß sich das Basisverhalten einer kontaktvollen, an der Person des oder der anderen interessierten Gesprächsführung an den sogenannten »Grundvariablen« (Grundhaltungen) orientieren sollte, die Carl Rogers, der ›Vater‹ der Gesprächspsychotherapie, ent-

wickelt hat: Echtheit (Kongruenz), Wertschätzung und Empathie[17].

Echtheit:

»Mit Echtheit ist in erster Linie gemeint, was man mit dem Wort Kongruenz zwar komplizierter, aber auch genauer ausdrückt. Kongruenz herrscht vor, wenn das Verhalten zum Empfinden paßt, wenn die äußere, sichtbare und hörbare Handlung der Ausdruck von vorhandenen Emotionen ist, wenn Taten und Gefühle zueinander gehören. Das ist nicht der Fall, wenn man äußerlich Ruhe zeigt, während man innerlich bewegt ist, wenn einer in verurteilender Art von Vergebung redet oder wenn einer jemanden streichelt, für den er keine warmen Gefühle hat. Menschen haben in der Regel ein feines Gespür für das Maß an Echtheit ihres Gesprächspartners ... Masken verhindern einen guten Kontakt. Eine Beziehung hat in dem Maß Zukunft, wie Kongruenz vorherrscht.«[18]

Diese Charakterisierung von Hans van der Geest macht deutlich, daß es bei der Echtheit, wie auch bei den beiden anderen Variablen, im Grunde um allgemein-menschliche Haltungen, wir dürfen ruhig sagen: Tugenden geht, die um des guten und förderlichen Kontakts willen nun aber bewußt angestrebt sein wollen[19]. Bezogen auf unser

---

17 Vgl. *C.R. Rogers*, Entwicklung der Persönlichkeit, Stuttgart 1973, 50ff. Ich bedenke die Grundvariablen hier nur in bezug auf meine spezielle Fragestellung; für weitere Aspekte verweise ich auf *H. Lemke*, Seelsorgerliche Gesprächsführung. Gespräche über Glauben, Schuld und Leiden, Stuttgart 1992, 35ff (dort findet sich auch eine Auseinandersetzung mit der theologischen Kritik an Rogers) sowie auf *H. van der Geest*, Unter vier Augen (s. oben Anm. 16), 230ff; zur Bedeutung von C.R. Rogers für die Seelsorge vgl. zuletzt die gründliche Betrachtung von *M. Jochheim*, Carl R. Rogers und die Seelsorge, ThPr 28 (1993), 221f.
18 *H. van der Geest*, Unter vier Augen (s. oben Anm. 16), 239.
19 Dazu noch ein nachdenkenswerter Hinweis von *H. Lemke*, Seelsorgerliche Gesprächsführung (s. oben Anm. 17), 41: »Kongruenz sollte dem Seelsorger aufgrund seines christlichen Anspruches auf Wahrhaftigkeit selbstverständlich sein. Tatsächlich ist sie jedoch nur schwer zu leben, erfordert sie doch vom Seelsorger,

Thema bedeutet Echtheit: Ich trete dem anderen als ›eigener‹ Mensch entgegen, mit allem, was zu mir gehört. Meine Gesamtperson darf nicht auf die Funktion, die ich in dem Gesprächskontakt übernehme, reduziert sein. Sosehr die andere Person ein Du ist (darum geht es in den beiden nächsten Variablen), sosehr bin ich ihr ein Ich und kein Es: also auch und gerade keine hinter meinem »kirchlichen Auftrag« unkenntliche Person. Wohl aber gehört zu mir als Christenmenschen der Glaube, daß mein Ich ein im Zuspruch Gottes gegründetes ist, und es wäre gerade nicht hilfreich, würde vielmehr den Gesprächskontakt verderben, wenn ich glaubte, dies unberücksichtigt lassen zu müssen: »Die Authentizität eines Seelsorgers zeigt sich nicht nur wie in anderen Berufen in der persönlichen Echtheit, sondern auch in der Thematisierung des Glaubens, wenn die Situation dies verlangt«[20].

Wertschätzung:
Mein Gegenüber kann sich im Gespräch nur entfalten, wenn er/sie sich von mir vorbehaltlos als Person akzeptiert weiß. Als Person – das meint gerade nicht, ich dürfe zu dem, was mir mein Gegenüber erzählt, keine abweichende Meinung haben und sie gegebenenfalls auch äußern. Die Pointe der drei Grundvariablen liegt gerade in ihrem *dynamischen Zusammenspiel*: Wertschätzung auf Kosten der Echtheit würde zur Fassade, zum Plastikverhalten. Wertschätzung ist also weder zu verwechseln mit

---

sein Idealbild von sich selbst der Realität so weit anzugleichen, daß er nicht aus Angst oder Stolz seine wirklichen Gefühle verbirgt. Eine solche Haltung intendiert eine Selbstbejahung, die in dem Wissen gründet, der Vergebung bedürftig zu sein ... Solange ein Theologe es noch als narzißtische Kränkung empfindet, selbst Hilfe in Anspruch nehmen zu müssen, wird er kaum die rechte Einstellung zu sich selbst als Seelsorger noch die zum leidenden Menschen haben«. Dies unterstreicht noch einmal, was ich weiter oben zum Thema Selbsterfahrung angemerkt habe.
20 *H. van der Geest*, Unter vier Augen (s. oben Anm. 16), 232.

Alles-in-Ordnung-Finden, noch ist von mir gefordert, jede Regung und jedes Ansinnen meines Gegenübers positiv aufzunehmen oder gar zu verstärken[21].
Das gilt auch und erst recht, wenn biblische Inhalte oder Maßstäbe auf dem Spiel stehen. Mir ist mit dieser Variablen kein Maulkorb angelegt, wenn ich Haltungen oder Handlungen meines Gegenübers im Licht der Weisungen Gottes für falsch oder gar verwerflich erachte. Zweierlei will aber bedacht sein: 1. Die Art und Weise, in der ich die biblische Sicht ins Gespräch bringe, muß in jedem Fall widerspiegeln, daß Gott ein Feind der Sünde und nicht des Sünders ist. Deshalb muß ich 2. meinem Gegenüber deutlich machen, daß ich meine Sichtweise nicht ihm zum Schaden ins Gespräch bringe[22]. Dies wird

21 Kritik an dieser Variablen geht in der Regel von solchen Mißverständnissen aus.
22 Hier macht der Ton die Musik. Statt mit erhobenem Zeigefinger zu reden (also wie ein aufgebrachtes Elternteil mit dem ungehorsamen Kind), kann ich zunächst einmal auf der Ebene zweier Erwachsener unsere Unterschiedlichkeit zur Sprache bringen, das heißt dem anderen nicht mein ›Urteil‹, sondern mein Anderssein mitteilen. Besser als: »Das ist ja furchtbar ...« oder: »Sie können doch nicht im Ernst meinen ...« wäre etwa: »Was Sie von sich erzählen, ist mir fremd ...« oder: »Ich habe da eine ganz andere Sicht der Dinge ...« Im weiteren Gespräch wird immer noch Zeit sein, deutlich zu machen, daß für mich beide Sichtweisen nicht gleich-gültig sind.
In Ausbildungsgruppen fällt mir immer wieder auf, wie schwer es vielen KollegInnen fällt, Unterschiedlichkeit *respektvoll* auszutragen. Dazu ein banales, aber gerade deshalb aufschlußreiches Beispiel: Ein Rollenspiel hat folgende Ausgangssituation: Ein Vikar besucht eine junges Paar zum Taufgespräch, der Fernseher läuft und wird auch nicht ausgeschaltet, nachdem der Vikar Platz genommen hat. Selten kommt ein Vikar auf die Idee, sich die ›Arbeitsbedingungen‹, die er braucht, auf respektvolle Weise zu verschaffen, indem er etwa sagt: »Ich möchte Sie bitten, den Fernseher auszuschalten, weil ich (!) mich dann besser konzentrieren kann.« Viel öfter wird mit offenen oder versteckten Wertungen oder mit kleinen Patzigkeiten begonnen, wie etwa den folgenden: »Sind Sie eigentlich sicher, daß Sie mit mir reden wollen?« »Das geht aber nicht, daß

mir um so glaubhafter gelingen, als ich mich gerade in den Fällen, wo unsere Meinungen auseinandergehen, zunächst und lange Zeit um ein Verstehen des mir fremd, falsch oder gar abstoßend Erscheinenden bemüht habe. Und die Nagelprobe wird darin bestehen, ob ich die Wertschätzung der Person durchzuhalten vermag, auch wenn sie nicht gewillt oder in der Lage ist, die von mir vertretene Sichtweise zu übernehmen. Damit ein tragfähiger Kontakt zustandekommt, wird also alles darauf ankommen, daß ich auch im Markieren unserer Unterschiedlichkeit den anderen Menschen nie abwerte, weil dies verhindert, daß er sich öffnet, und statt dessen nur seine Abwehr verstärkt[23].

In der Seelsorgelehre konnte die Wertschätzung bisweilen theologisch stark aufgeladen werden, bis hin zu der Auffassung, das ›Christliche‹ erschöpfe sich im Akt der »Annahme«, so daß unser Zeugnis in der Seelsorge also ein implizites wäre. Ich halte dies für eine Engführung im Verständnis von Seelsorge, möchte deshalb aber keinesfalls die christliche ›Übersetzung‹ dieser Variablen aufgeben. Denn in der Tat artikuliert sich in der Variablen der Wertschätzung im profanen Bereich eine Haltung, die wir im Licht der Rechtfertigungsbotschaft als Annahme wiedererkennen und praktizieren sollen (Röm 15,7). Insofern ist Seelsorge *auch* implizites Zeugnis: In der Art unserer Gesprächsführung praktizieren wir das »Richtet nicht« Jesu. Authentizität und Wertschätzung

---

Sie, während wir reden, den Fernseher laufen haben.« Oder man verkneift sich jeden Kommentar (künstliche Wertschätzung), wird aber je länger je mehr innerlich unzufrieden und aufgebracht.
23 *H. Lemke*, Seelsorgerliche Gesprächsführung (s. oben Anm. 17), 43 weist meines Erachtens zu Recht darauf hin, daß es bei allem Bemühen auch Grenzen des für einen Seelsorger Annehmbaren geben kann: In einem solchen Fall »spreche ich das Problem offen an und bitte, wenn keine befriedigende Klärung erfolgt, den Gesprächspartner, zu einem anderen Seelsorger zu gehen, dessen Einstellungen und Erlebnisweisen ihm näher stehen. Dabei leitet mich meine Überzeugung: nicht jeder kann jedem ein Seelsorger sein!«

bezeugen zusammen, daß beide am Gespräch Beteiligten unter der Verheißung des »Ich werde mit dir sein« Gottes stehen.

Empathie:
Im Gespräch erreiche ich die andere Person nur auf dem Weg des einfühlenden Verstehens. Dahinter steht die Einsicht, daß das, was einen Menschen vor allem bewegt (oder auch bindet), seine Gefühle, oft zunächst unter den Gesprächsinhalten verborgen liegt und ihm selbst vielleicht nicht einmal bewußt ist[24]. Deshalb ist es für mein Gegenüber wichtig, daß ich Zugang zu seiner Gefühlswelt suche und ihm dies zu verstehen gebe. Das ist eine große Kunst, die es nicht verdient hat, mit Albereien über das »Spiegeln« kleingeredet zu werden, zumal es sich weniger um eine Technik als vielmehr um eine bewußte Suchhaltung handelt, die je nach psychologischer Hermeneutik mehr sprachliche, mehr körperliche Parameter mit einbezieht. Meine Erfahrung geht dahin, daß mir unbeschadet aller psychologischen Kenntnisse und Fertigkeiten in diesem Zusammenhang schon die offene Suchhaltung als solche hilft, verbunden mit der ständigen Frage, ob ich mein Gegenüber denn wirklich verstanden habe. Mit Recht hat schon Eduard Thurneysen hören, hören und nochmals hören als wichtigsten Teil der Seelsorge beschrieben[25]. Mir selbst hilft als Korrekturfrage der erste Vers aus einem Liebesgedicht Erich Frieds; es trägt die Überschrift: »Dich«[26]:

---

24 Als Basislektüre empfehle ich *Chr. Thomann / F. Schulz von Thun*, Klärungshilfe. Handbuch für Therapeuten. Gesprächshelfer und Moderatoren in schwierigen Gesprächen, Reinbek bei Hamburg, 1988 sowie *F. Schulz von Thun*, Miteinander reden 1: Störungen und Klärungen. Allgemeine Psychologie der Kommunikation, Reinbek bei Hamburg 1990.
25 Vgl. *E. Thurneysen*, Die Lehre von der Seelsorge, München 1948, 111f sowie unten S. 38ff; vgl. auch *H. van der Geest*, Unter vier Augen (s. oben Anm. 16), 237.
26 *E. Fried*, Liebesgedichte (Quartheft 103), Berlin 1992, 10.

»Dich nicht näher denken
und dich nicht weiter denken
dich denken, wo du bist
weil du dort wirklich bist.«

»Denke ich Dich«, oder in unserem Fall besser: »Begegne ich Dir, wo Du wirklich bist?« Dies ist die entscheidende Leitfrage auf dem Weg einer einfühlsamen Begegnung. Es wäre für die Qualität eines Gesprächs viel gewonnen, wenn wir TheologInnen uns nicht allzu früh sicher wären, unser Gegenüber recht verstanden zu haben[27].
Darüber hinaus meint Empathie aber noch etwas anderes, was ebenfalls von grundsätzlicher Wichtigkeit ist: In einem seelsorgerlichen Gespräch haben wir die Rolle des Begleiters, der Begleiterin, und zwar so, daß unser Gegenüber die Richtung bestimmt: Er oder sie bestimmt das Thema, und auch in der Folge werden wir an seiner/ihrer Seite bleiben, eher zwei Schritte hinterher als einen voraus. Es bedarf keiner Frage: Wir sollen Unterstützung leisten, sonst brauchte uns der/die andere ja gar nicht. Wir mögen auch Hinweise geben, auf Gabelungen des Wegs aufmerksam machen, auf Sackgassen hinweisen, Hindernisse aus dem Weg räumen helfen, solange nur eins klar bleibt: Wir sind Weggenossen und keine Animateure, die den/die GesprächspartnerIn auf unseren Weg, und hielten wir ihn denn für den ›rechten‹, hinüberziehen wollen.
Die Praxis lehrt übrigens, daß dies auch kaum gelingt. Viel eher wird ein Gesprächspartner, wenn wir ihn in unsere Richtung drängen, starr werden bzw. unsere Wege werden sich voneinander entfernen. Deshalb noch einmal: Wie immer unser Mitgehen und unsere Unterstützung im einzelnen aussehen mögen, sie werden am Ende daran zu messen sein, ob es uns gelungen ist, daß unser Gegenüber ›seinen‹ Weg gefunden hat und selb-

---

27 Vgl. *P. Bukowski*, Kirche und Konflikt. Bemerkungen zu einem leidigen Thema, PTh 80 (1991), 332ff.

ständig zu gehen vermag[28]. Alles andere würde auch unserer theologischen Grundlegung widersprechen, wenn anders wir Seelsorge im Schutzbereich des Namens als einen Akt der Freiheit beschrieben haben, der auf Befreiung aus ist.

Einfühlung erfordert in der Praxis eine große Sensibilität nicht nur für unser Gegenüber, sondern auch für die jeweilige Gesprächssituation und das ihr angemessene Verhalten. Es geht darum, das Rechte zur rechten Zeit zu tun. So sollte man sich etwa Ratschläge nicht pauschal verbieten. Ein guter Ratschlag zur falschen (in der Regel: zu frühen) Zeit vermag jedoch den Kontakt zu stören.

Gesprächsführung ist nicht programmierbar und nur begrenzt lernbar. Die drei Grundvariablen sind nicht hilfreich, wenn wir sie wie Regeln zu befolgen oder wie Methoden anzuwenden versuchen, sie wollen vielmehr als Wahrnehmungs- und Orientierungshilfe verstanden werden.

Es mag nun einmal mehr deutlich geworden sein, warum uns die abstrakte Frage, ob man die Bibel ins Gespräch bringen müsse bzw. nicht dürfe, auf ein falsches Gleis führt. Wie weiter oben schon betont, geht es vielmehr auch im Blick auf die biblische Botschaft darum, sie gesprächsgerecht zur Sprache zu bringen. Nun erscheint dies gerade unter dem Gesichtspunkt der »Empathie« immer dann als schwierig, wenn wir von unserem/unserer GesprächspartnerIn nicht auf die biblische Botschaft angesprochen werden. Das ist ja die Situation, an der

---

28 Anders verhält es sich freilich, wenn Menschen aufgrund ihrer besonderen Lebenslage nicht (mehr) imstande sind, die Verantwortung für sich zu übernehmen. Das Konzept »Hilfe zur Selbsthilfe« darf nicht ausschließen, daß wir für eine befristete Zeit auch einmal bereit sind, die Rolle des Vaters oder der Mutter zu übernehmen. »Einfühlen heißt hier verstehen, daß die eigenen Kräfte nicht mehr da sind oder dermaßen gebunden, daß ein Nichtkönnen einem Nichtwollen über den Kopf gewachsen ist« (*H. van der Geest*, Unter vier Augen [s. oben Anm. 16], 238).

sich die Frage »muß ich«, »darf ich nicht« entzündet hat. Denn was gibt mir das Recht und worin läge der Wert, eine andere als die vom Gegenüber beschrittene Gesprächsebene zu betreten? Führt eine solche Intervention nicht zwangsläufig zu jenem berüchtigten »Bruch im seelsorgerlichen Gespräch«[29]?
Bevor ich diese Frage grundsätzlich erörtere, möchte ich zwei Erfahrungen weitergeben:
– Die Warnungen, die vor allem in der ›Frühzeit‹ der beratenden Seelsorge an dieser Stelle ausgesprochen wurden, sind nach wie vor zu beherzigen, sofern sie sich gegen ein Seelsorgekonzept richten, das den/die SeelsorgerIn unter Verkündigungsdruck setzt und zwingt, das Evangelium ›loszuwerden‹. In der Praxis kann dies in der Tat zu einem gesprächsfeindlichen Verhalten führen. Ich habe im Rahmen der Ausbildung entsprechende Gesprächsprotokolle zu lesen bekommen. Man spürt bei der Lektüre etwas von der Lauerhaltung des Seelsorgers. Er ist gleichsam ständig mit einem ›zweiten Programm‹ beschäftigt, eben mit der Frage, wie er es am besten anstellt, zum ›Eigentlichen‹ zu kommen. Das Erzählte ist für ihn so etwas wie die Einflugschneise, die er nur unter dem Aspekt betrachtet, wo und wie er am besten mit dem Evangelium landen kann. Dies beeinträchtigt aber nicht nur die Qualität des Kontakts vor der ›Landung‹, vielmehr gerät das biblische Element in aller Regel hölzern oder disparat, weshalb das Gegenüber die Botschaft im besten Fall wohlwollend an sich abprallen läßt, weil man halt anzuerkennen habe, daß ein Pfarrer nun mal so reden müsse. Unter Mißachtung des Gesprächscharakters der Seelsorge wird die biblische Botschaft dem/der anderen (nach menschlichem Ermessen) kaum zur Hilfe werden können.
– Häufiger erlebe ich allerdings das Gegenteil: Gerade Auszubildende sind von der Warnung vor Verkündigungsdruck in einer Weise bestimmt, daß sie ihrem Ge-

---

29 E. Thurneysen, Lehre (s. oben Anm. 25), 114.

genüber das Evangelium geradezu vorenthalten. Der vermeintliche Unglaube des Gegenübers oder zumindest sein Schweigen in dieser Sache wird ihnen zu einem Gesetz des Handelns, dem sie sich rückhaltlos beugen und über dem sie den Blick für Spielräume verlieren. Daß auch in dieser Richtung ein unguter Zwang herrschen kann, belegt schon die gewalttätige Sprache. Gefragt, warum er den Krankenbesuch nicht mit einem Psalmgebet beschlossen habe, kann ein Vikar antworten: »Ich wollte Frau X nicht mit der Bibel ›erschlagen‹«. Ich habe noch niemanden erlebt, den ein Gebet erschlagen hätte, wohl aber haben mir oft Gemeindeglieder, die im Krankenhaus von VikarInnen besucht wurden, ihre Enttäuschung darüber mitgeteilt, daß der oder die Betreffende »nicht einmal« mit ihnen gebetet habe. Nehmen wir den Fall an, jemand wollte tatsächlich kein Gebet: Woher nehmen wir das Recht, ihn für so unmündig zu erklären, daß wir davon ausgehen, er könne sich gegen ein entsprechendes Angebot nicht zur Wehr setzen?! Und selbst, wenn er es nicht könnte, ist ein ungewolltes Gebet wirklich etwas so Schlimmes?[30] Ist im Zweifelsfall die Enttäuschung des geistlich Unterversorgten nicht die größere Gefahr? Abgesehen davon, daß es zwischen Zwang und Verweigerung einen weiten Spielraum der gesprächsgerechten Verständigung über die Bedürfnisse unseres Gegenübers gibt, möchte ich an dieser Stelle davor warnen, von der geistlichen Sprachlosigkeit unserer Mitmenschen überbeeindruckt zu sein. Wer weiß, vielleicht handelt es sich bei jener allzu zögerlichen und vorsichtigen Haltung mancher SeelsorgerInnen am Ende um die Projektion der eigenen Unsicherheit auf das Gegenüber. Obwohl sie es nicht äußern, erwarten viele auch der ›säkularisierten‹ Zeitgenossen von den SeelsorgerIn-

---

30   Ich spreche hier vom Problem einer *prinzipiellen* Übervorsicht. Selbstverständlich kann im konkreten Einzelfall ein Gebet deplaziert und nach Form oder Inhalt problematisch und im Extremfall auch ›schlimm‹ sein (vgl. unten S. 96ff).

nen in geistlicher Hinsicht mehr, als diese meinen, ihnen zumuten zu dürfen.

Kehren wir zu der grundsätzlichen Frage nach dem Verhältnis von aktivem Bibelbezug und Gespräch zurück: Es ist das Verdienst von Wolfram Kurz, mit dem Vorurteil aufgeräumt zu haben, der »Bruch im seelsorgerlichen Gespräch«, von dem Eduard Thurneysen in diesem Zusammenhang redet, sei ein prinzipiell gesprächs-(zer)störendes Element[31]. Zunächst erinnert Kurz daran, daß auch Thurneysen den Seelsorger dazu aufgefordert hat,

»sich auf die Problematik der Klienten zu konzentrieren, sie in den ihr immanenten Horizonten zu verstehen und sie in diesen Horizonten durchzuarbeiten ... Ja, Thurneysen hat davor gewarnt, die Phase der problemorientierten Hinwendung zu vernachlässigen oder gar zu verkürzen. Die volle Durcharbeitung des Problems in psychologischen, juristischen, moralischen und soziokulturellen Horizonten war für ihn selbstverständlich.«[32]

Freilich gilt es aber auch,

»den Klienten dazu anzuleiten, seine Problematik im Horizont des Wortes Gottes zu verstehen und ihm somit eine völlig neue und ganz andere Art des Problem- und Selbstverständnisses zu eröffnen. Die Differenz der Perspektiven macht den Bruch aus.«[33]

Dieser »Bruch« ist in doppelter Weise wirksam: zum einen als die *latente* theologische Perspektive, unter der der Seelsorger sein Gegenüber von Beginn an (auch) betrachtet, zum anderen als die *manifeste*, also die im Verlauf des Gesprächs explizit an das Gegenüber gerichtete

---

31 Vgl. *W. Kurz*, Der Bruch im seelsorgerlichen Gespräch. Zum Sinn einer verfehmten poimenischen Kategorie, PTh 74 (1985), 437ff; vgl. dazu auch *G. Vischer*, Nochmals: Seelsorge als Verkündigung, PTh 77 (1988), 456ff sowie *M. Nicol*, Gespräch (s. oben Anm. 16), 141ff.
32 *W. Kurz*, Bruch (s. oben Anm. 31), 440.
33 Ebd., 440.

Veranlassung, sich nun seinerseits in dieser Perspektive zu sehen.

Die Pointe des Aufsatzes von Kurz liegt nun in dem Nachweis, daß in formaler Hinsicht *auch in ein psychotherapeutisches Gespräch eine entsprechende Bruchlinie eingezogen ist.* Ein Therapeut nimmt sein Gegenüber (auch) im Horizont seiner mitgebrachten Hermeneutik wahr, und wann immer diese latente Bruchlinie sich in einer sprachlichen Intervention niederschlägt, wird sie zur manifesten! Kurz belegt dies an Carl R. Rogers, also an eben jenem Psychotherapeuten, dessen »Grundvariablen« eines personenzentrierten Therapeuten wir hier nachgezeichnet haben. Rogers hat seinen Ansatz einmal so umschrieben:

»Wenn ich die Erfahrung vieler Klienten in der therapeutischen Beziehung, die wir für sie herzustellen uns bemühen, zugrunde lege, scheint mir, daß jeder die gleiche Frage stellt. Unterhalb der aktuellen Problemsituation, über die sich jeder einzelne beklagt ... verbirgt sich eine zentrale Sehnsucht. Mir scheint, daß letztlich jeder Mensch fragt: Wer bin ich denn in Wirklichkeit? Wie kann ich Kontakt mit dem wirklichen Selbst aufnehmen, das unter meinem ganzen oberflächlichen Verhalten liegt?«[34]

Dazu Kurz:

»Beobachtet der Therapeut jedoch die vordergründige Problematik des Klienten auf dem Hintergrund seiner nicht realisierten Essentialität, nämlich das ›Selbst zu sein, das man in Wahrheit ist‹, dann liegt formal derselbe Bruch vor, wie derjenige, den wir bei Thurneysen als latenten Bruch identifiziert haben. Es ist der Bruch aufgrund der Differenz der Perspektiven.«[35]

Wann immer sich nun die Sichtweise des Therapeuten in einer entsprechenden Äußerung niederschlagen wird, wird die Bruchlinie im Gespräch manifest – ohne daß dies zum Gesprächsabbruch führen würde.

34 Zitiert nach ebd., 443.
35 Ebd., 443.

Ich möchte dies der Anschaulichkeit halber noch an einem Beispiel aus einer anderen therapeutischen Richtung verdeutlichen, nämlich der (systemischen) Familientherapie[36]. Stellen wir uns folgende Gesprächssituation vor: Eine Ehefrau beklagt sich bei der Therapeutin über den Alkoholismus ihres Mannes und schildert eindrücklich und in vielen Einzelheiten, wie eingeschränkt ihr eigenes Leben durch das Suchtverhalten des Mannes ist. In der Perspektive ihrer Wirklichkeitssicht ist sie das zu beklagende ›Opfer‹. Irgendwann mag die Therapeutin sagen: »Ich merke, wie sehr Sie darunter leiden, daß Sie Ihrem Mann soviel Recht über Ihr Leben einräumen.« Was ist jetzt geschehen? Aus der Perspektive ihrer Wirklichkeitssicht sieht die Therapeutin auch noch etwas anderes, als die Klientin zu sehen vermag: daß auch sie mitbeteiligte ›Täterin‹ ist. Mit ihr wird nicht nur etwas gemacht, sie läßt auch etwas mit sich machen (theoretisch redet man in diesem Zusammenhang von einem Suchtsystem; die Ehefrau verhält sich als »Co-Abhängige«[37]). Die zunächst latent mitlaufende Bruchlinie wird in der zitierten Intervention insofern manifest, als die Therapeutin die Klientin auf ihren Anteil an der Situation anspricht. Dies mag in der Klientin auf Widerstand stoßen, weil sie sich bisher nicht als aktiv Mitbeteiligte zu sehen vermochte. Auf längere Sicht wird es aber für sie heilsam sein zu erkennen, daß sie etwas für sich tun kann, anstatt passiv leidend auf eine Besserung des Partners zu warten.

Noch einmal: Die so – nämlich primär als hermeneutische – verstandene Bruchlinie kann nicht als Gesprächs-

---

36 Zur Einführung vgl. *A. von Schlippe*, Familientherapie im Überblick. Basiskonzepte, Formen, Anwendungsmöglichkeiten, Paderborn [10]1993 sowie *V. Satir*, Selbstwert und Kommunikation. Familientherapie für Berater und zur Selbsthilfe, München [10]1992.
37 Vgl. dazu *M. Rennert*, Co-Abhängigkeit. Was Sucht für die Familie bedeutet, Freiburg/Basel/Wien [2]1990 sowie *P. Mellody*, Verstrickt in die Probleme anderer. Entstehung und Auswirkung der Co-Abhängigkeit, München [2]1993.

abbruch diskriminiert werden[38], sie ist im Gegenteil für jedes helfende Gespräch konstitutiv, wenn anders ein notleidender Mensch immer auch der Gefangene seiner Perspektive ist und deshalb dringend der heilsamen Erweiterung seiner Sicht bedarf. Welche Sichtweise die dem Menschen angemessene ist, darüber muß innerhalb der Theologie, aber auch zwischen theologischen und psychotherapeutischen Richtungen gerungen werden – ebenso wie über die jeweiligen methodischen Implikationen. Den prinzipiellen Streit jedoch, als stehe biblische Seelsorge in einer herausgehobenen Gefahr, den Rahmen des einfühlsamen partnerzentrierten Gesprächs zu sprengen, hat Kurz dankenswerterweise als Scheingefecht entlarvt.

Fragen wir auf dem Hintergrund dieser Erwägungen nun, *wie* wir die Bibel in das seelsorgerliche Gespräch bringen können.

---

38 Ob *E. Thurneysen* »Seelsorge als Gespräch« (so lautet der oft nicht mitzitierte § 5 seiner »Lehre von der Seelsorge« [s. oben Anm. 29]) seinerseits konsequent durchgehalten und praktiziert hat, braucht an dieser Stelle nicht weiter verfolgt zu werden. Vgl. dazu neben der in Anm. 31 angegebenen Literatur noch *D. Hoch*, Offenbarungstheologie und Tiefenpsychologie in der neueren Seelsorge, München 1977, 8ff sowie *R. Bohren*, Prophetie und Seelsorge. Eduard Thurneysen, Neukirchen-Vluyn 1982, 199ff.

… bringen

I
Wenn wir gefragt werden

Ich möchte zunächst auf solche Situationen eingehen, in denen wir auf Glauben, Bibel, Kirche oder Theologie hin angesprochen werden. Sie sind nur scheinbar einfacher zu bewältigen. Zwar sind wir der Frage enthoben, wann Bibel oder Theologie oder ein Glaubenszeugnis angebracht sind, aber gerade hinter der vermeintlichen Einfachheit der Gesprächssituation lauert eine Gefahr: Dankbar, endlich einmal auf unser TheologIn-Sein angesprochen zu werden, legen wir los und breiten die uns zugespielte Thematik aus. Je monologischer dabei unser Gesprächsverhalten wird, desto größer ist die Gefahr, unser Gegenüber ›abzuhängen‹ und schließlich ganz zu verlieren. Auch hier gilt es also, *gesprächsgerecht* zu antworten. Das bedeutet:
– Wir dürfen unsere Beiträge keinesfalls ausufern lassen,
– wir müssen auf die Regungen unseres Gegenübers achten (und ihn oder sie stets ausreden lassen!),
– wir sollten Pausen einlegen, damit unser Gegenüber ›dazwischenkommt‹,
– wir sollten uns durch Rückfragen vergewissern, ob unsere Beiträge im Gefälle dessen liegen, wonach wir gefragt wurden[39].
Dabei sollten wir uns stets vor Augen halten, daß eine inhaltlich klar gestellte Frage noch kein sicheres Indiz dafür ist, wo unser Gegenüber mit seinem Interesse und Anliegen wirklich ist. Ich habe in meiner Anfangszeit als Gemeindepfarrer öfter folgendes erlebt: Jemand fragt

---

39 Gelungene Beispiele finden sich bei *H. van der Geest*, Unter vier Augen (s. oben Anm. 16), 80ff.159ff.

mich gleich zu Beginn unseres Gesprächs: »Sagen Sie mal, warum sind Sie eigentlich Pastor geworden?« oder auch: »Warum wird man eigentlich Pastor?« Nun, es schien alles klar zu sein, und so begann ich in solchen Fällen Stationen meiner Vita zu erzählen oder Gründe für meine Berufswahl zu nennen. Oft mußte ich dann frustriert feststellen, daß meine Ausführungen nicht sonderlich zu interessieren schienen. Warum dann aber überhaupt die Frage? Einmal begann ein Mitarbeiter aus meiner Jugendgruppe das Gespräch mit dieser Frage. Nach und nach stellte sich heraus, worum es ihm wirklich ging: Seine Freundin war schwanger und überlegte, ob sie das Kind austragen sollte oder nicht. Er war gekommen, um mich als möglichen Gesprächspartner ›vorzutesten‹. Seitdem reagiere ich auf die Frage: »Warum sind Sie Pastor geworden?« weniger spontan, denn mir ist auch bei weiteren Gelegenheiten aufgefallen, daß dahinter etwas anderes stehen kann als das Interesse an meinem Werdegang (natürlich nicht zwangsläufig und erst recht nicht immer etwas derart Gravierendes). Deshalb gebe ich inzwischen zunächst eine möglichst knappe Antwort und warte ab, in welche Richtung mein Gegenüber weitergeht; oder aber ich frage gleich zurück, indem ich etwa sage: »Oh, dazu könnte ich jetzt aber viel erzählen – was interessiert Sie denn besonders?« Solche klärenden Rückfragen bedürfen eines gewissen Fingerspitzengefühls, denn es darf natürlich nicht der Eindruck erweckt werden, wir wollten unser Gegenüber examinieren oder auf dem Weg einer Gegenfrage der Antwort ausweichen.

Hinter scheinbar nüchtern gestellten sachlichen Fragen können sich einschneidende persönliche Erlebnisse oder eine besondere emotionale Betroffenheit verbergen. So mag etwa die Frage: »Wie können Sie nur bei der Kirche arbeiten, die hat doch schon soviel Unrecht begangen?« durch persönliche Enttäuschungen motiviert sein. Im Hintergrund der allgemein gestellten Frage: »Wie kann Gott nur das ganze Leid zulassen« mag der nicht

verwundene Verlust eines nahen Angehörigen oder eine andere Leiderfahrung stehen. Manchen Menschen ist es nicht einmal bewußt, wenn sie das, was sie im Inneren bewegt, hinter allgemeinen unpersönlichen Äußerungen verbergen. Deshalb besteht unsere Aufgabe als SeelsorgerIn darin, vor allzu schnellen Antworten erst einmal *Klärungshilfe* zu leisten, indem wir uns bemühen, den Hintergrund (man könnte auch sagen: das erkenntnisleitende Interesse) unseres Gegenübers in Erfahrung zu bringen. Sonst laufen wir Gefahr, mit allgemein gehaltenen theologischen Ausführungen an dem/der GesprächspartnerIn vorbeizureden. Nehmen wir die erwähnte Frage nach dem von der Kirche begangenen Unrecht: Als theologisch-theoretische ist sie leicht zu beantworten. Aber was hilft der Hinweis auf die Unterscheidung zwischen Christus und seiner Kirche, was eine Ausführung über die reformatorische Rechtfertigungstheologie, wenn sich hinter dieser Frage eine nicht verwundene persönliche Kränkung verbirgt? Bleibt die Verschiebung der Ebenen bestehen, mögen wir uns noch so redlich theologisch mühen, lassen aber dennoch am Ende ein enttäuschtes Gemeindeglied zurück.
Nach diesen Anmerkungen zur Gesprächsführung nun noch einige *inhaltliche Hinweise*: Ich habe mit der Zeit festgestellt, daß es eine begrenzte Anzahl typischer, das heißt immer wiederkehrender Fragen gibt, die Gemeindeglieder von sich aus an uns richten. Darin liegt für uns SeelsorgerInnen eine Chance der theologischen Weiterarbeit. Ohne Anspruch auf Vollständigkeit nenne ich die mir am häufigsten begegnenden Fragen und gebe sie jeweils im Orginalton wieder:

– »Was soll am christlichen Glauben schon dran sein, wo die Kirche doch soviel Unrecht begangen hat?«
– »Muß man denn jeden Sonntag in die Kirche rennen, um ein Christ zu sein?« fragt jemand, der selbst an den Festtagen nicht regelmäßig im Gottesdienst erscheint. Variante: »Daß ich aus der Kirche ausgetreten bin, hat

doch nichts mit meinem Glauben zu tun« sagt einer, der Patenonkel werden möchte.
– »Wie soll man an die Bibel glauben, sie widerspricht sich doch dauernd?« Die ›naturwissenschaftliche‹ Variante dieser Frage lautet: »Muß man das mit der Rippe eigentlich glauben?« Oder auch: »Wenn Adam und Eva die ersten Menschen waren, wo hatten Kain und Abel dann eigentlich ihre Frauen her?«
– »Was sollen bloß die verschiedenen Religionen, glauben wir denn nicht alle an einen Herrgott?«
– »Wenn Gott die Menschen liebt, warum hat er dann überhaupt zugelassen, daß sie sündigen?« Oder: »Das mit dem Baum war doch eine Falle!«
– »Warum kann Gott nicht auch so vergeben, warum muß er dafür extra seinen Sohn opfern?«
– »Wie kann Gott das zulassen?« Variante: »Warum trifft es ausgerechnet mich?« Oder auch: »Womit hat XY das verdient?«
– »Was wird denn aus Erwin, jetzt, wo er tot ist?«
– »Hilft beten wirklich?«

Jede dieser Fragen kann auch einmal Versatzstück sein, eine Provokation ohne echtes Interesse, einfach geäußert, um sich interessant zu machen, oder auch schlicht eine Rationalisierung der eigenen Unkirchlichkeit. Dies wird man bald herausfinden und mag dann getrost entsprechend reagieren – wir sollen liebevoll, aber nicht immer ›lieb‹ sein.
Was aber, wenn es sich um echte Fragen handelt? Fragen des Nicht-verstehen-Könnens, des Zweifels, der Anfechtung? Ich meine, in diesem Fall haben die FragestellerInnen ein *Recht auf eine kompetente Antwort*; wer, wenn nicht wir, sollte sie ihnen geben können?! Ich sage das mit strengem Unterton, weil ich in dieser Hinsicht im Rahmen meiner Ausbildertätigkeit schon Schlimmes erlebt habe. Selbst solche, die das Konzept einer biblischen Seelsorge theoretisch vehement vertreten, geraten hier, wo sie sich doch ›zu Hause‹ fühlen sollten, pein-

licherweise arg ins Schleudern[40]. Woran liegt das? Mir scheint daran, daß TheologInnen die Vorbereitung, die sie vom Studium her in solche Gesprächssituationen mitbringen, schlicht überschätzen. Es sei daran erinnert, daß im Studium vor allem Reflexionsgestalten des Glaubens reflektiert werden – so beispielsweise in einem Lutherseminar: In einem Seminar über die neuere Lutherforschung wird über unterschiedliche Reflexionen einer Reflexionsgestalt des Glaubens reflektiert (die Reihe ließe sich noch um einiges höher potenzieren). Selbst wenn im Studium (was keineswegs gewährleistet ist) ein Schwerpunkt auf der Erörterung eben der Fragen lag, deren Beantwortung unsere Gemeindeglieder sich von uns wünschen – die in der akademischen Ausbildung vorherrschende Weise der theologischen Arbeit ist eine notwendige (!), aber keine hinreichende Vorbereitung auf die Beantwortung der Frage: »Was wird aus Erwin, jetzt, wo er tot ist?« Und niemand kann von sich verlangen, das, was hier zusätzlich nötig wäre, in der gegebenen Situation gleichsam aus dem Stand zu entwickeln. Dazu bedarf es einer gründlichen Vorarbeit, deren Ziel darin besteht, sich *Elemente gesprächsgerechter Antworten* auf die oben gestellten Fragen zu erarbeiten. Man darf sich dafür ruhig viel Zeit lassen, andererseits muß man diese Vorarbeit auch gezielt leisten *wollen*. Das, worum es hier geht, kommt nämlich nicht »mit der Zeit von alleine«! Zur Anregung gebe ich hier den entsprechenden Teil einer ›Hausaufgabenliste‹ wieder, die unsere VikarInnen im Zuge ihrer Ausbildung erhalten[41]:

40 Ich versage mir Beispiele. Wer meint, daß ich übertreibe, kann die Probe aufs Exempel leicht selbst machen! Ausdrücklich anmerken möchte ich aber, daß ich bei ›gestandenen‹ PfarrerInnen ähnliches erlebe.
41 Das Reizwort ›Hausaufgaben‹ will anzeigen, daß die hier anfallende Arbeit in einem Seelsorgekurs allenfalls angeregt werden kann, geleistet werden muß sie als kontinuierliche Weiterarbeit vor Ort. Entsprechende Hinweise für die persönliche Weiterarbeit finden sich auch am Ende des nächsten Teils S. 104ff.

1. Ergänzen bzw. kürzen Sie die Liste der »typischen Fragen« (S. 47f) und entscheiden Sie, welcher Sie zuerst nachgehen wollen.
Tauschen Sie sich über diesen sowie über die weiteren Schritte mit Ihrem/Ihrer MentorIn oder mit Ihrer KollegInnengruppe aus.
Die Aufreihung der weiteren Schritte ist nicht im Sinne eines zeitlichen Nacheinander gedacht, außerdem müssen nicht alle Fragen mit der gleichen Gründlichkeit beantwortet werden.
Wenn Sie sich nun einer Frage konkret zuwenden:
2. Machen Sie sich für sich und im Gespräch mit anderen bewußt, wie zur Zeit Ihre persönliche Glaubensantwort lautet.
Wie sind Sie zu dieser Antwort gelangt? Welche Personen waren Ihnen dabei wichtig? Welche Texte/Bilder/Symbole sind für Sie bedeutsam? In welchen Situationen hat sich Ihre Antwort bewährt? Wo haben Sie in dieser Frage Brüche erlebt?
Wenn Sie keine persönliche Antwort haben – was bedeutet das für Ihren Glauben?
3. Machen Sie sich den Sachverhalt, auf den die Frage zielt, biblisch- und systematisch-theologisch klar. Das wird bei einigen Fragen schnell gehen, bei anderen mit Arbeit verbunden sein. Dabei geht es weniger darum, Examenswissen nachzutragen oder aufzufrischen, vielmehr sollten Sie sich am Ende dieses Arbeitsgangs eine eigene theologische Meinung gebildet haben, die Sie argumentativ vertreten können.
4. Um elementar und anschaulich Auskunft geben zu können, wird es Ihnen helfen, die eigene Predigtarbeit zur ›persönlichen Fortbildung‹ zu nutzen. Predigen Sie mit Ihrer Frage ›im Hinterkopf‹ über einschlägige Bibeltexte; das zwingt Sie, auf die Suche nach verständlichen Argumentationsfiguren, gelungenen Elementarisierungen, ansprechenden Bildern und Beispielen zu gehen. Scheuen Sie sich nicht, sich Anregungen aus fremden Predigten, aber auch aus guten Unterrichtsentwürfen und

Religionsbüchern zu holen. Fragen Sie Gemeindeglieder um ihre Meinung.
5. Kehren Sie nach einiger Zeit zu 2. zurück. Hat sich etwas verändert?
6. Bibelstellen, Liedzeilen, aber auch Beispiele oder Bilder, die Sie persönlich aufschlußreich finden, sollten Sie ruhig auswendig lernen. Nicht, um sie in der seelsorgerlichen Begegnung ›abzuspulen‹, sondern um gegebenenfalls auf sie zurückgreifen zu können.

In der Seelsorge lernt man vor allem durch (reflektierte) Erfahrung. Deshalb empfiehlt es sich, einschlägige Gespräche zu protokollieren und im KollegInnenkreis zu besprechen. Darüber hinaus hat es sich bewährt, Glaubensgespräche im *Rollenspiel* zu üben.
Dazu noch einige Bemerkungen: Man wird spätestens dann einen (hoffentlich) heilsamen Schock bekommen, denn erst in der praktischen Erprobung merkt man, wie schwierig solche Gespräche sind. Man wird die eigenen Lücken entdecken. Wer es nicht glaubt, versuche einmal, im Rollenspiel einem Vierzehnjährigen zu erklären, was mit »Gott hilft« gemeint ist. Immer wieder habe ich in diesem Zusammenhang erlebt, daß VikarInnen, die im Studium mit Systematischer Theologie nicht viel ›am Hut‹ hatten, plötzlich motiviert waren, genauer nachzuschauen: sich etwa kundig zu machen, was es mit dem bisher vernachlässigten, in der Seelsorge aber besonders wichtigen Topos der Vorsehungslehre auf sich hat.
Lehrreich ist eine solche Übung aber auch, wenn man die Rolle des Gemeindeglieds übernimmt. Gerade aus der Perspektive des Fragestellers oder der Fragestellerin bekommt man ein Gespür dafür, welche inhaltlichen Wendungen, welche sprachlichen Figuren, welche Argumentationen und welche Beispiele plausibel sind und welche weniger, welche weiterführen und welche Verwirrung stiften.
In der Rolle des Gemeindeglieds wird man auch der Grenze der Leistungsfähigkeit theologischen Redens ge-

wahr. Dies sei an einer heiklen Erfahrung verdeutlicht: Ich habe, um in einer Beerdigungspredigt zu trösten, schon des öfteren vom Mitleiden Gottes geredet. Als mein ›Seelsorger‹ in einem Rollenspiel ebenfalls das Mitleiden Gottes ins Gespräch brachte, fühlte ich mich davon aber gar nicht getröstet. Irgendwie erreichte mich sein Hinweis nicht – obwohl mir das in Erinnerung an meine eigene Praxis gar nicht paßte. Anderen ging es ähnlich. Seitdem bin ich vorsichtiger geworden, diesen Topos als Trost zur Sprache zu bringen. Damit ist theologisch nichts gegen die Rede vom mitleidenden Gott gesagt (vgl. Jes 31,20; Hos 11,8; Hebr 4,15)[42], wohl aber müssen wir uns klarmachen, daß ihre seelsorgerliche Funktion eigens bedacht sein will. Ulrich Eibach betont:

»Die bloß begriffliche Behauptung, daß Gott ein mitleidender Gott ist, und der Versuch, diesen Gedanken ins Denksystem des kranken (sc. oder traurigen; P.B.) Menschen zu vermitteln, hilft selten wirklich weiter, nicht zuletzt auch deshalb nicht, weil die Vorstellung von der Allmacht Gottes so stark und tief verwurzelt ist und sich auch mit dem Wunsch nach Heilung verbindet, daß die Behauptung, Gott sei gerade im Leiden da, oft nur schwer Anklang findet und mit der Aufforderung zur Ergebung ins Leiden verwechselt wird. Aber was hilft es schon, wenn sich das Leiden in eine Vorstellung von Gott denkerisch integrieren läßt, wenn Gott selbst sein Nahesein im Leiden jedoch nicht erweist?«[43]

Eibach trifft hier eine Unterscheidung, der wir zu Beginn dieses Teils schon einmal begegneten und die für das Gespräch über Glaubensfragen von grundlegender Wichtigkeit ist, nämlich die Unterscheidung (nicht: die Trennung) von Denk- und Lebensproblemen. Es macht eben einen Unterschied, ob sich mir die Frage nach Gott

---

42 Vgl. aber *U. Eibach*, Theologie in Seelsorge, Beratung und Diakonie, Bd. 2: Der leidende Mensch vor Gott. Krankheit und Behinderung als Herausforderung unseres Bildes von Gott und dem Menschen, Neukirchen-Vluyn 1991, 13ff, der zu Recht davor warnt, diesen Topos von der Auferstehungshoffnung zu isolieren.
43 Ebd., 52f.

im Leiden primär als theologisches Denkproblem stellt oder primär als Lebensproblem, also als existentielle Erfahrung von Anfechtung. Denn ein Denkproblem läßt sich mit Hilfe eines Denkaktes lösen, ein Lebensproblem kaum[44]. Daher war für Hiob das solidarische Schweigen und Ausharren seiner Freunde hilfreicher als ihr theologisches Reden. Ich glaube, daß gegenüber Menschen, die sich akut im Leiden oder in Trauer befinden, gerade der Topos vom Mitleiden Gottes eher im Lebensvollzug bezeugt als argumentativ dargelegt sein will. Ähnlich verhält es sich übrigens mit der in Beerdigungspredigten immer wieder anzutreffenden »Erlaubnis zur Klage«. Im Gottesdienst oder im Gespräch sich zur Klage durchzuringen und sie dann auch, sei es stellvertretend oder gemeinsam, zu artikulieren – das ist ein Lebensakt, der hilfreich und befreiend sein kann. Aber oft bleibt die »Erlaubnis zur Klage« eine bloße Denkfigur. Auch hier stelle man sich als SeelsorgerIn einmal die einfache Kontrollfrage, wann einen selbst diese Erlaubnis in Situationen der Trauer getröstet hat. Mir scheint, manche theologischen Wendungen muten wir unseren Gemeindegliedern nur zu, weil wir ihre seelsorgerliche Wirkung bzw. Wirkungslosigkeit nie selbst erprobt haben.
Schließlich wird im Rollenspiel schlagartig deutlich, daß theologisch richtige Sätze je nach Kontext schädlich werden können. Vor allem wenn es um die Frage nach der Theodizee geht, kann man in der Rolle des Ratsuchenden erleben, wie unheilvoll es ist, wenn der Seelsorger – wie die Freunde Hiobs – sich mit theologischen Argumenten auf die Seite Gottes stellt, anstatt als Anwalt des Angefochtenen an dessen Seite zu bleiben. Schon der Satz: »Gott hat Ihr Leiden nicht gewollt« kann vom Angefochtenen als Entschuldigung Gottes und also als Parteinahme für Gott und gegen sich ausgelegt werden. Man mag das zuletzt Ausgeführte auch schon vorher gewußt haben, aber es ist auf dem Wege der Einübung in seel-

---

44 Vgl. ebd., 22ff.32.

sorgerliches Verhalten etwas anderes, Dinge zu wissen oder sie an der eigenen Person zu erfahren[45].

Diese Anmerkungen mögen ausreichen, um das Interesse der LeserInnen an eigener Weiterarbeit zu wecken. Halten wir noch einmal fest: Im Unterschied zu Predigt und Unterricht können wir uns auf das konkrete seelsorgerliche Gespräch nicht vorbereiten. Selbst wenn uns der Gesprächsanlaß bekannt sein sollte, können wir nie vorher wissen, was uns wirklich erwartet. Alles hängt davon ab, daß wir in der Situation präsent sind. Gerade deshalb sollten wir aber möglichst viel im Hintergrund haben, und eben dazu gehört auch eine möglichst gründliche Vorbereitung und Einübung jener ›Standardsituationen‹. Daß wir, um flexibel zu bleiben, unser Hintergrundwissen haben sollten »als hätten wir nicht« (1Kor 7,29), wurde oft genug betont. Aber das andere ist ebenso zu betonen: Wenn wir als TheologInnen gefragt werden, sollten wir auch etwas zu sagen haben. Der ›emphatisch‹ geäußerte Satz: »Ich bin auch nur ein Fragender« reicht in solchen Fällen auf Dauer nicht aus.

---

45 Wer sich zum Rollenspiel nicht durchringen kann (was ich falsch finde, wenn man bedenkt, was wir unseren Gemeindegliedern zumuten!) oder dazu keine Gelegenheit hat (dann wird's höchste Zeit, sie sich zu suchen!), nehme aus diesem Abschnitt zumindest folgende Kontrollfrage mit: Hat mir das, was ich sage, selbst schon einmal geholfen/eingeleuchtet/gutgetan? Würde ich meine eigenen Worte gerne hören?

II
Wenn wir nicht gefragt werden

Die meisten Gespräche, die wir als SeelsorgerInnen zu führen haben, sind freilich von anderer Art als die bisher Erörterten. In ihnen geht es aus der Sicht unserer GesprächspartnerInnen nicht um Glaubens-, sondern um *Lebenshilfe*, und womöglich haben sie sich von biblischer Überlieferung und kirchlicher Verkündigung weit entfernt. Ich werde einige Grundformen erörtern, in denen wir die Bibel auch in solche Gesprächssituationen einbringen können. Dabei geht es – um noch einmal an die Ausgangsthese zu erinnern – nicht um das Ableisten eines evangelischen Pflichtprogramms, sondern um Hilfe für unser Gegenüber, die wir auch und gerade von der Bibel erwarten.

1. Das Einbringen einer biblischen Geschichte

Ich beginne mit einigen Beispielen aus meiner Praxis als Seelsorger[46]. Da es mir hier nicht um ausführliche Falldarstellungen geht, skizziere ich die Begegnungen nur insoweit, als es für das Verständnis des Kontexts, in dem ich die Bibel ins Gespräch gebracht habe, nötig ist. In einem zweiten Schritt werde ich die Beispiele methodisch und theologisch kommentieren.

a) Gespräch mit einem Alkoholabhängigen: Der Mann klagt mir sein Leid und schildert die verhängnisvollen

---

46 Alle Beispiele sind authentisch. Um die Anonymität der GesprächspartnerInnen zu wahren, wurden manche Details verändert, außerdem entsprechen die Abkürzungen (zum Beispiel »Herr K.«) nicht den wirklichen Initialen.

Auswirkungen der Abhängigkeit auf das familiäre und berufliche Leben. Er habe schon oft versucht aufzuhören, aber es wolle einfach nicht klappen. Natürlich habe er auch schon an eine Entziehungskur gedacht, aber das sei ja doch ein extremer Schritt; außerdem höre man über entsprechende Anstalten auch viel Schlechtes, und andere hätten es ja doch auch ohne Entziehungskur geschafft usw. Das Gespräch bewegt sich in einem Kreis von Jammern und halbherzig ins Auge gefaßten Entschlüssen, die aber gleich wieder zurückgenommen werden, um ob der Zurücknahme dann wieder in Selbstbeschimpfung und Selbstmitleid zu verfallen. Auch auf meine Frage, ob er etwas von mir erwarte, reagiert er zwiespältig: »Ich suche halt irgendwie (!) Hilfe.« (Pause) »Aber einen Rat brauche ich nicht, mir liegen schon genug Leute in den Ohren.« (Pause) Nach einer Weile sage ich: »Wie Sie das so sagen, fällt mir eine Geschichte ein: Da redet einmal einer mit Jesus, der schon ganz lange schwer krank ist. Und der sagt nun: ›Hilf mir!‹ Da fragt Jesus ihn zurück: ›*Willst* du denn gesund werden?‹« (vgl. Joh 5,6) Mein Gesprächspartner antwortet: »Das ist aber ganz schön herb. Und, wenn ich mal so sagen darf, eigentlich finde ich die Frage von diesem Jesus auch blöd. Wenn der Kranke nicht gesund werden wollte, hätte er doch gar nicht darum gebeten.« Ich antworte: »Ich glaube, Jesus wollte sichergehen, ob der Kranke wirklich will.« »Was meinen Sie mit ›wirklich will‹?« fragt mein Gegenüber. Daraus entwickelt sich ein Gespräch über den Unterschied zwischen wünschen und wollen und darüber, daß wollen etwas mit sich entscheiden und mit Verantwortung übernehmen zu tun hat (nur wenn ich etwas wirklich will, bin ich in der Lage, anderes dafür zu lassen) ...

b) Ich begleite ein lange miteinander befreundetes Paar, das beschlossen hat, sich zu trennen. Im Grunde sehen beide ein, daß die Trennung notwendig ist, und doch leiden sie unter ihrem Entschluß. Das führt unter anderem dazu, daß sie sich gegenseitig mit Vorwürfen überschütten, die gemeinsame Vergangenheit schlechtmachen, den anderen abwerten. In einem Gespräch werde ich Zeuge ihres Ineinander-Verhaktseins. Dies tut mir um so mehr leid, als ich beide sehr schätze und die Phantasie habe, in anderen Konstellationen hätten sie viel Wertvolles in eine Partnerschaft einzubringen. Schließlich schalte ich mich ein und sage: »Ich finde es schade, daß Ihr es euch so schwermachen müßt. Ich wünschte, Ihr könntet Eure Trennung so sehen wie Abraham und Lot.« Die beiden stutzen, einer fragt: »Was meinst Du damit?« Ich antworte: »Von den beiden erzählt die Bibel, daß sie sich auch trennen mußten. Es ging nicht anders, weil sie sich immer in die Quere kamen und sich gegenseitig blockierten. Aber ich mußte vor allem deshalb an die Geschichte denken, weil es an einer Stelle sinngemäß heißt: Sie konnten nicht mehr beieinander wohnen, weil der Raum für das viele, das jeder hatte, zu eng wurde (vgl. Gen 13,6). Ich will damit sagen: Die konnten sich trennen, ohne den anderen runterzumachen. Sie konnten sich und den anderen auch in seiner Fülle sehen und sich gerade deshalb Raum geben. Am Ende sagt einer zum anderen: Gehst du zur Rechten, geh ich zur Linken.« Ich hatte den Eindruck, den beiden tat zunächst einfach gut, daß ich sie in ihren Haßtiraden unterbrochen hatte. Die Geschichte regte aber auch dazu an, gemeinsam zu überlegen, was es heißt und wie es gelingen kann, sich zwar nicht schmerzfrei, wohl aber respektvoll voneinander zu trennen.

c) Herr K. äußert massive Selbstmordabsichten. Da ich die Leidensgeschichte kenne, die ihn jetzt so verzweifelt sein läßt, habe ich allen Grund, seine Äußerungen ernst zu nehmen. Zwei Motive kehren in dem, was er mir sagt, in ständigen Variationen wieder: »Ich hab doch schon soviel versucht, jetzt reicht's.« Und: »Ich ertrage es nicht mehr, anderen nur noch eine Last zu sein, ich bin doch nur noch unnütz.« Ich bemerke bald, daß gutes Zureden ihn nicht erreichen kann, und er ist so in seiner Verweiflung gefangen, daß an ein gemeinsames Entwickeln von Perspektiven nicht zu denken ist. Auch für geistlichen Zuspruch ist er in besonderer Weise immun, weil eine (freikirchlich-)fromme Herkunftsfamilie Teil seines Problems ist. Ich gewinne je länger je mehr den Eindruck, daß Herr K. wirklich ›zu‹ ist (ich muß an Rilkes Gedicht vom Panther denken: »›... ihm ist, als ob es tausend Stäbe gäbe, und hinter tausend Stäben keine Welt ...«). Und doch habe ich zugleich große Angst, das Gespräch zu beenden bzw. zu ›vertagen‹, weil ich fürchte, er könne den letzten Schritt der Verzweiflung tatsächlich tun. Ich frage mich, wie ich ›auf Zeit spielen‹ kann. Schließlich sage ich: »Wie Sie über sich reden, das klingt so, wie Leute einmal im Beisein Jesu über einen Baum geredet haben, der ganz verdorrt war und keine Frucht mehr brachte. Da sagte der Besitzer: ›Der ist unnütz – weg damit!‹« (vgl. Lk 13,6ff) »Genau«, sagt Herr K., »weg damit!« (Mir scheint, er ist fast erleichtert, daß ich ihm ›zustimme‹. Sucht er das Gespräch mit mir am Ende lediglich, um sich zu beweisen, daß ihm auch ein landeskirchlicher Pastor nicht mehr helfen kann?) Ich fahre fort: »Darauf hat Jesus gesagt: ›Gib ihm noch ein Jahr!‹« Ich hatte gar nicht erwartet, daß dieser Satz mein Gegenüber so stark berühren würde. Er murmelt ihn zunächst einige Male vor sich hin. Dann wiederholt er ihn laut – und sagt dann zu mir: »Ein guter Satz!« Ich frage ihn, was ihm daran so gut gefalle. Er antwortet, den Hinweis auf das eine Jahr fände er gut, besser als ein möglicher Befehl Jesus, ihn überhaupt stehenzulassen: »Ein Jahr – da kann was passieren, und wenn nichts passiert, dann ist das Ende absehbar.« Später frage ich ihn, ob er sich noch ein Jahr geben wolle und verabrede mich mit ihm zu einem weiteren Gespräch, in dem wir überlegen werden, wie er diese Spanne nutzen könne. Am Schluß schreibe ich ihm den besagten Satz auf eine Karte und bitte ihn, sie bei sich zu tragen ...

Was die *Methodenfrage* betrifft, so hat mich unter anderem das Werk des Kommunikationspsychologen Paul

Watzlawick bestärkt, biblische Geschichten in dieser Weise ins Gespräch zu bringen. Mich hat immer beeindruckt, wie es Watzlawick gelingt, komplexe psychologische Zusammenhänge in Form von Geschichten in einer Weise zu verdeutlichen und zu verdichten, die einen unmittelbar anspricht und dabei tiefere Schichten zu erreichen vermag als der rein wissenschaftliche Diskurs. Zur Verdeutlichung ein Beispiel aus seinem Buch »Anleitung zum Unglücklichsein«. Statt den psychologischen Vorgang der Projektion samt den schädlichen Auswirkungen einer »selbsterfüllenden Prophezeiung« theoretisch zu entwickeln, erzählt Watzlawick folgende Geschichte:

»Ein Mann will ein Bild aufhängen. Den Nagel hat er, nicht aber den Hammer. Der Nachbar hat einen. Also beschließt unser Mann, hinüberzugehen und ihn auszuborgen. Doch da kommt ihm ein Zweifel: Was, wenn der Nachbar mir den Hammer nicht leihen will? Gestern schon grüßte er mich nur so flüchtig. Vielleicht war er in Eile. Aber vielleicht war die Eile nur vorgeschützt, und er hat was gegen mich. Und was? Ich habe ihm nichts angetan; der bildet sich da etwas ein. Wenn jemand von mir ein Werkzeug borgen wollte, *ich* gäbe es ihm sofort. Und warum er nicht? Wie kann man einem Mitmenschen einen so einfachen Gefallen abschlagen? Leute wie dieser Kerl vergiften einem das Leben. Und dann bildet er sich noch ein, ich sei auf ihn angewiesen. Bloß weil er einen Hammer hat. Jetzt reicht's mir wirklich. – Und so stürmt er hinüber, läutet, der Nachbar öffnet, doch noch bevor er ›Guten Tag‹ sagen kann, schreit ihn unser Mann an: ›Behalten Sie sich Ihren Hammer, Sie Rüpel!‹«[47]

Man wird über diese Geschichte schmunzeln, sich aber zugleich ertappt fühlen. Dabei ist das Element der Übertreibung insofern hilfreich, als es den/die LeserIn vergleichsweise gut dastehen läßt: Ganz so schlimm wie um jenen Mann steht es um mich doch noch nicht. Aber etwas von seinem Verhalten kenne ich auch, auf ähnliche Weise habe ich mich auch schon blockiert; das wird mir

---

47 P. *Watzlawick*, Anleitung zum Unglücklichsein, München ³1983, 37.

beim Lesen deutlich. Zugleich hilft mir die Geschichte, diese Einsicht so schnell nicht wieder zu vergessen (ein Theologe mag sich übrigens an einen Aspekt aus der Kundschaftergeschichte Num 13–14 erinnert fühlen). Watzlawick streut Geschichten nicht nur in seine Bücher und Aufsätze ein (was sie gut lesbar macht!), vielmehr findet dort seinen Niederschlag, was nach Watzlawick im therapeutischen Gespräch selbst seinen Platz haben sollte. Dies hat er ausführlich dargestellt und begründet in seinem Buch »Die Möglichkeit des Andersseins«[48]. Auch andere Therapieschulen haben mehr und mehr den Wert des Geschichten-Erzählens entdeckt[49]. Ich nenne im folgenden einige für unseren Zusammenhang wichtige Gesichtspunkte:

So, wie unser Unbewußtes sich in geträumten Bildern und Geschichten Bahn bricht und Ausdruck verschafft, so vermag umgekehrt die bildhafte Sprache einer Geschichte tiefere Schichten unserer Person zu erreichen als die diskursive Sprache. Wir haben es oft schon erlebt, wie eine Geschichte uns anzurühren vermag. Sie kann in uns tiefe Gefühle in Gang setzen, uns verzaubern oder ängstigen, uns zum Lachen oder zum Weinen bringen, sie kann uns ermutigen und uns Anstoß zum Handeln werden. Hinzu kommt, daß eine Geschichte die Sprache verdichtet (man denke nur an das quantitative

---

48 Vgl. *P. Watzlawick*, Die Möglichkeit des Andersseins, Bern ³1986, bes. 42ff (dort findet sich auch weitere Literatur); ferner *S. Rosen*, Die Lehrgeschichten von Milton H. Erickson, Salzhausen 1990. Einen guten Einstieg in den theologischen Horizont des Erzählens bietet *A. Grözinger*, Die Sprache des Menschen. Ein Handbuch. Grundwissen für Theologinnen und Theologen, München 1991, 154ff.
49 Außer den weiterführenden Angaben bei P. Watzlawick seien noch genannt *E. Landau*, Kreatives Erleben, München 1984 (Kreativitätspsychologie); *St. Kepnes*, Erzählen und wiedererzählen in der Psychoanalyse, Concilium 18 (1982), 390ff sowie *E. Polster*, Jedes Menschen Leben ist einen Roman wert, Köln 1987 (Gestaltpsychotherapie).

Verhältnis etwa eines Gleichnisses Jesu zu seinen Auslegungen!). Manches klingt nur an, anderes bleibt in der Schwebe. Auf diese Weise eröffnet und läßt (!) die Geschichte mehr Spiel-Raum als die direkte Anrede: Der/die Angeredete kann sie sich ›zurechthören‹ und entscheiden, ob er/sie die Botschaft näher oder weniger nah (oder gar nicht) an sich heranläßt – alles gewichtige Gründe, Geschichten auch ins seelsorgerliche Gespräch zu bringen.

Darüber hinaus bringe ich durch eine Geschichte, gerade auch durch eine biblische Geschichte, ein Element von Neuheit und Überraschung ins Gespräch. Deshalb ist eine Geschichte besonders geeignet, festgefahrene Erlebnis- oder Handlungsmuster, die sich oft in einem festgefahrenen Gesprächsverlauf widerspiegeln, in heilsamer Weise zu unterbrechen – gegebenenfalls sogar zu durchbrechen. Im Beispiel von dem in Anschuldigungen verhakten Paar etwa bewirkte die dort eingebrachte Geschichte zunächst einmal ein deutliches »Stop!« Aber sie war eben mehr als dies, sie war zugleich das Hinweisschild in eine andere Richtung, und zwar – weil Geschichten einprägsam sind – ein Hinweisschild, das man ›mitnehmen‹ kann. Diese besondere Chance einer Geschichte bestätigte sich mir nachhaltig im Gespräch mit dem selbstmordgefährdeten Herrn K. Vorher hatte ich den Eindruck, ich könne nichts fragen, sagen oder zu bedenken geben, was nicht andere und vor allem er selbst auch schon hin und her erwogen hatten; entsprechend schleppend und auf ›niedrigem Energieniveau‹ zog sich das Gespräch hin. Die Geschichte ließ ihn – noch vor aller spezifischen ›Wirkung‹ – überhaupt einmal aufmerken; es war, als hätte unser Gespräch eine ›Energiezufuhr‹ bekommen.

Ich muß an dieser Stelle aber noch einmal deutlich unterstreichen, daß in der Seelsorge eine biblische Geschichte nicht schon für sich und als solche von Wert ist; zur Bereicherung wird sie nur, wenn sie gesprächsgerecht eingebracht wird. Dazu folgende Hinweise:

Es ist für den/die SeelsorgerIn wichtig, ein Gespür für den rechten Zeitpunkt zu entwickeln. Mir ist die Unschärfe dieser Aussage bewußt, aber der Lebendigkeit eines Gesprächs ist nun einmal nicht mit kommunikationspsychologischen Rezepturen beizukommen. Allenfalls wird man davor warnen können, zu früh zu diesem Mittel zu greifen: also bitte keine Geschichte, bevor wir unserem Gegenüber nicht lange zugehört und seine/ihre derzeitige Problemlage wirklich verstanden haben! Denn der Wert einer Geschichte steht und fällt damit, daß sie streng auf die von unserem Gegenüber präsentierte Problemlage bezogen ist. Was zum Element der Neuheit und Überraschung gesagt wurde, kann sich nur auf der Grundlage dieser Partnerbezogenheit entfalten. Unser Gegenüber darf also nicht den Eindruck gewinnen, mit der Geschichte werde gleichsam auf ein anderes Programm umgeschaltet. *Wir können mit einer Geschichte eine neue Sichtweise ins Gespräch bringen, aber wir dürfen nicht das Thema wechseln!*
Damit in dieser Hinsicht kein gegenteiliger Eindruck entsteht, ist gerade bei biblischen Geschichten darauf zu achten, daß wir sie in einer Sprache erzählen bzw. erwähnen, die der Sprachwelt unseres Gegenübers sowie dem bisherigen Gesprächsverlauf angemessen ist. Ganz hinderlich wäre in der Seelsorge eine abstrakte Texttreue. Ein (hoffentlich übertriebenes) Negativbeispiel: »Mir fällt da eine Geschichte ein – sie handelt zwar eigentlich nicht von einem Paar, sondern schildert einen Verwandtschaftskonflikt ..., aber ich will sie trotzdem mal erzählen, weil es in ihr einen Punkt gibt, der Euch auch etwas sagen könnte ...« Auch wer es nicht so hölzern angeht, sollte darauf achten, alles wegzulassen, was im konkreten Zusammenhang stört[50]. Deshalb redet die

---

50 Aus diesem Grund habe ich im Gespräch mit Herrn K. das Wort des Weingärtners Jesus direkt in den Mund gelegt. Ich wollte ohne umständliche Erklärungen zeigen, wie Jesus sich zum Anwalt des Nutzlosen macht.

Überschrift dieses Abschnitts vom »Einbringen« einer biblischen Geschichte. In der Seelsorge muß eine Geschichte nämlich nicht unbedingt im engeren Sinn erzählt werden. Oft ist es sogar besser, sie nur zu erwähnen oder einen einzelnen Zug bzw. ein Bild aus ihr herauszugreifen. Je eleganter – und das wird in der Regel heißen: eher ›beiläufig‹ als herausgehoben, eher selbstverständlich als aufgesetzt, eher kürzer als länger – der biblische Beitrag sich einfügt, desto mehr wird er die ihm eigene Dynamik entfalten können.
Gerade dann, wenn wir einmal den Eindruck haben, wir hätten uns besonders geschickt angestellt, gilt die Mahnung: Wir dürfen in unsere Einfälle nicht verliebt sein; wenn unser Gegenüber auf eine biblische Geschichte nicht ›anspringt‹, sollten auch wir nicht bei ihr verharren und sie keinesfalls verteidigen.
Was die *Theologie* betrifft, so mögen die bisherigen Ausführungen manchen LeserInnen suspekt erscheinen: Wird die Bibel hier nicht bloß zum therapeutisch nutzbaren ›Steinbruch‹ degradiert? Verkommt die biblisch bezeugte Heilsgeschichte nicht zu einer Summe von Symbolgeschichten (die Assoziation von Watzlawicks Hammergeschichte mit der Kundschaftergeschichte wäre dann besonders ›verräterisch‹)? Kurz: Leistet eine Seelsorge, die wie in den Eingangsbeispielen vorgeht, nicht trotz des biblischen Bezugs nur Lebenshilfe? Diese Rückfragen sind keine fiktiven, sondern tauchen an dieser Stelle in fast jeder Ausbildungsgruppe auf.
Meine Antwort knüpft an das Wörtchen »nur« an. Selbst wenn das Gespräch, in dem es meinem Gegenüber um Lebenshilfe ging, auf dieser Ebene verbliebe – wäre das ein prinzipielles Defizit? Ich meine gerade auf dem Hintergrund der Eingangsüberlegungen: Nein. Ich kann den Kairos für Glaubenshilfe ja nicht machen. Und wer Lebenshilfe geringachtet, weiß nichts von der Not der vielen Gespräche, in denen uns nicht einmal das gelingt.
Was nun den Umgang mit der Bibel betrifft, so sollte man hier nichts gegeneinander ausspielen: Die Bibel ist

auch ein weisheitliches Buch, das Lebenshilfe noch und noch bietet – ohne die Angst, das ›Eigentliche‹ verpaßt zu haben. Und biblische Texte *auch* in der Dimension des Symbolischen zu verstehen, bedeutet nicht notwendigerweise, sie darin erschöpft sein zu lassen. Schließlich: Die Angst vor Verwechselbarkeit von biblischem und außerbiblischem Material haben die neutestamentlichen Autoren jedenfalls nicht, da stehen Texte der Hebräischen Bibel neben Zitaten und Lebensregeln heidnischer Philosophen.
Vor allem aber zeigt die Praxis, daß Lebens- und Glaubenshilfe, wenn die Bibel in der hier geschilderten Weise ins Gespräch gebracht wird, nicht in der Weise geschieden werden können, wie es jene Rückfragen suggerieren. Es geschieht schon mit Bedacht, daß ich die Herkunft ›meiner‹ Geschichte nicht verschweige. Dadurch ist die Dimension des Glaubens zunächst indirekt im Raum. Denn ich sage ja, ohne dies eigens anzusprechen: »Meiner Meinung nach hat die Bibel zu Deinem Problem etwas Wichtiges beizutragen.« Meine Erfahrung geht nun dahin, daß eine biblische Geschichte, gerade wenn sie sich für die angesprochene Lebensproblematik als hilfreich erweist, beim Gesprächspartner dann auch Interesse für die Glaubensdimension zu wecken vermag – nicht zwangsläufig, aber eben auch nicht rein zufällig. So fragte etwa der alkoholkranke Mann aus dem ersten Beispiel irgendwann gegen Ende des Gespräches: »Hat Jesus dem Kranken denn nun eigentlich geholfen?« – und gab dem Gespräch noch einmal eine neue Wendung in Richtung eines Glaubensgesprächs[51].
Es ist immer gefährlich, weil mit Verkürzungen verbunden, wenn man versucht, lebendige Prozesse ›auf den Begriff zu bringen‹. Um mein Anliegen zu verdeutlichen, möchte ich es dennoch einmal wagen. Die hier

---

51 Es sei darauf hingewiesen, daß sich die hier einzeln vorgestellten Formen, die Bibel ins Gespräch zu bringen, in der Praxis oftmals ergänzen.

und in den weiteren Abschnitten dieses Teils vorgestellte Weise des Bibelgebrauchs charakterisiere ich in Umstellung des berühmten Buchtitels von Helmut Tacke mit der Formel: »Lebenshilfe als Glaubenshilfe.«
Wohlgemerkt, diese Umstellung versteht sich nicht als Gegenthese – schon deshalb nicht, weil sie ja nicht mein Seelsorgeverständnis als ganzes charakterisiert, sondern nur meinen Bibelgebrauch in einer bestimmten Art von Gesprächen. Worauf ich aber hinweisen möchte, ist dies: Die Formulierung Tackes: »Glaubenshilfe als Lebenshilfe« ist am Sachgefälle der Seelsorge, also am theologischen Begründungszusammenhang orientiert. Mit meiner Umstellung will ich anzeigen, daß man methodisch, also auf der Ebene des praktischen Vollzugs, das Gefälle auch umkehren kann und im Fall des Bibelgebrauchs umkehren muß: *In Problemgesprächen will die Bibel als Lebenshilfe ins Gespräch gebracht werden.*
Die mangelnde Unterscheidung zwischen Sach- und Methodengefälle hat dem Fehlschluß Vorschub geleistet, als sei die Bibel stets auf Glaubenshilfe ausgerichtet und könne Lebenshilfe nur auf dem (Um-)Weg der Glaubenshilfe geleistet werden. Und diese Fehlmeinung hat jene falsche Alternative verfestigt, derzufolge die Seelsorge entweder am Modus einer gesprächsgefährdenden Verkündigung oder am Modus einer bibelvergessenen Therapie orientiert ist.
Ich glaube übrigens, daß Tacke gegen die von mir vorgeschlagene Differenzierung zwischen Sach- und Methodengefälle nichts einzuwenden gehabt hätte. Mehr noch: Die Beispiele aus seiner eigenen Seelsorgepraxis gehen bisweilen den hier nachgezeichneten Weg[52]. Er schreibt:

»Natürlich kann er (sc. der Seelsorger; P.B.) und soll er es weder vorausplanen noch gar erzwingen, daß in jedem Gespräch unbedingt auch der Glaube zur Sprache kommt. Es gibt kein pflichtgemäß abzuleistendes Soll an seelsorgerlicher Bibelkunde. Aber das Mitspre-

---

52 Vgl. *H. Tacke*, Mit den Müden zur rechten Zeit zu reden. Beiträge zu einer bibelorientierten Seelsorge, Neukirchen-Vluyn 1989, 59f.

chen biblischer Stimmen sollte insgesamt unbefangener zugelassen werden, als es zumeist geschieht ... Was immer an biblischer Thematik aufgenommen wird, kann dem seelsorgerlichen Gespräch dienlich sein ... Auch Mißverständnisse sind nicht peinlich; sie können dem Gespräch eine überraschende Wendung geben.«[53]

Die Bibel als Lebenshilfe, die den Weg zur Glaubenshilfe offenhält – auf dieser Linie bewegen sich auch die folgenden Möglichkeiten.

2. Das Einbringen eines biblischen Gedankens

Ich habe schon angedeutet, daß der Bibelgebrauch in der Seelsorge nicht auf Geschichten beschränkt bleiben

---

53   Ebd., 58f. Ohne sie selbst explizit getroffen zu haben, praktiziert Tacke also faktisch die hier vorgeschlagene Unterscheidung zwischen Sach- und Methodengefälle. Er hat sie freilich nicht in jeder Hinsicht beherzigt. Sonst hätte er der Frage, wie eine Seelsorge im Schutzbereich des Namens zu lernen sei – und damit auch der Frage, was in ihr eigentlich *methodisch* geschehe –, mehr eigenes Gewicht beigemessen. *Chr. Möller* vermutet im Nachwort zur 3. Auflage von *H. Tacke*, Glaubenshilfe (s. oben Anm. 3), 299f, Tacke habe kein seinem Ansatz entsprechendes Ausbildungskonzept entwickelt, »weil er zu skeptisch gegenüber der Sicherheit war, die von Modellen und Programmen ausgeht und für das seelsorgerliche Gespräch geradezu tödlich werden kann«. Ich kann dem nicht zustimmen. Ich glaube zum einen, daß Tacke die KSA-Ausbildung, für die er sich trotz aller theologischen Bedenken bei den Kirchenleitungen einsetzte (!) und in die er uns VikarInnen in praktischer Ergänzung zu seinem eigenen Kurs schickte, weniger kritisch sah als Möller (also nicht nur als Notmaßnahme: »Solange es nichts besseres gab« [ebd., 300]). Ich glaube zum anderen, daß Tacke ein typischer Vertreter ›seiner‹ theologischen Richtung war: Fasziniert und getrieben von der »Sache« fiel es ihm schwer, methodischen Fragen und praktischen Vollzügen ihr eigenes und das heißt auch: eigenständiges Gewicht beizumessen. Dies wurde schließlich durch eine persönliche Eigenart Tackes verstärkt: Er war, was das Gesprächsverhalten betraf, überaus begnadet; salopp gesagt: ein Naturtalent. Und Naturtalente tun sich immer schwer, Methodenfragen allzu wichtig zu nehmen.

muß. Was ich unter dem Einbringen eines biblischen Gedankens verstehe, soll zunächst wieder durch ein Beispiel verdeutlicht werden:
Frau R.s Mann wurde während meines Urlaubs von einem Kollegen beerdigt. Als ich ihr nach meiner Rückkehr einen Trauerbesuch abstatte, erzählt sie von einer großen Gewissensnot, die sie mir als dem ihr bekannten Pastor anvertrauen müsse: Sie hat ihren krebskranken Mann über Wochen hinweg täglich in der Klinik besucht. Er wurde je länger je mehr »schwierig«, aber das müsse man ja verstehen. Einmal hat er sich nach einem heftigen Wortwechsel ärgerlich zur Wand gedreht und nicht weiter mit ihr geredet. Daraufhin beendet Frau R. ihren Besuch, um Besorgungen zu machen. Als sie später zu Hause ist, wird ihr telefonisch mitgeteilt, daß ihr Mann verstorben sei: »Und sehen Sie, Herr Pastor, da komme ich nicht drüber weg, ich bin ja auch im Zorn weggegangen. Vielleicht wollte er mir noch etwas sagen, und ich war einfach weg. Seitdem habe ich nur noch ein schlechtes Gewissen. Ich bin immer nur am Grübeln ...«
Vorsichtige Nachfragen machen mir nur um so deutlicher, wie sehr Frau R. in ihren Gewissensbissen gefangen ist. Die theoretisch gewiß berechtigte Überlegung, was hier wirkliche Schuld und was (neurotische) Schuldphantasie ist[54], trägt in diesem Gespräch nichts aus, weil Frau R. zum einen völlig auf das eine Ereignis fixiert, also nicht in der Lage ist, sich auf einen Blick auf den größeren Kontext überhaupt einzulassen, und weil sie zudem Sorge zeigt, ich könne ihr die Gewissensbisse ausreden wollen, wie das vor mir schon ihre Freundinnen und ihre Verwandtschaft versucht haben. Schließlich frage ich sie: »Wenn Ihr Mann Ihnen jetzt zugehört hät-

---

54 Vgl. zu dieser Unterscheidung *H. Lemke*, Seelsorgerliche Gesprächsführung (s. oben Anm. 17), 94ff sowie *U. Eibach*, Theologie in Seelsorge, Beratung und Diakonie, Bd. 3: Seelische Krankheit und Christlicher Glaube. Theologische, humanwissenschaftliche und seelsorgerliche Aspekte, Neukirchen-Vluyn 1992, 43ff.

te, würde er Ihnen vergeben, daß Sie einkaufen gegangen sind?« Sie sagt spontan: »Ja«. Weil mir dieses »Ja« ein wenig schnell kommt, frage ich zurück: »Was würde er denn wohl sagen?« Frau R. beginnt nach einigem Zögern: »Mutter, mach Dir keine Gedanken – Du konntest ja nicht wissen, daß wir uns nicht wiedersehen ...« Ich frage sie, was sie antworten würde ... Dann frage ich sie, ob sie es annehmen könne, daß ihr Mann ihr vergeben habe. Sie sagt: »Ja« ... Am Ende erinnere ich sie noch an die Vergebungsbitte aus dem Vaterunser.

Ich habe im ersten Teil ausgeführt, daß Seelsorge im Schutzbereich des Namens uns unser Gegenüber im Licht der Zusage Gottes zu sehen lehre. Theologisch legt sich das Stichwort Vergebung im Gespräch mit Frau R. natürlich nahe. Aber erinnern wir uns: Frau R. kam nicht mit der Frage, ob Gott ihr wohl vergeben könne, sondern ersuchte den Seelsorger um Lebenshilfe in einem unabgeschlossenen und durch den Tod mit dem Stempel der Ewigkeit versehenen Konflikt mit ihrem Mann. Ich hielte es deshalb für wenig hilfreich, in Umgehung ihrer Lebensfrage die Gnade Gottes ins Spiel zu bringen. Der biblische ›Gedanke‹ von der Vergebung will dem Gespräch eingepaßt sein, und das hieß in diesem Fall, ihn mit der Auseinandersetzung der beiden Eheleute in Verbindung zu bringen.

Im konkreten Fall habe ich die Frage: »... würde Ihr Mann Ihnen vergeben« mit Hilfe eines fiktiven Dialogs vertieft, das heißt ich habe Frau R. ermutigt, das, was ihr Mann wohl gesagt hätte, ebenso wie ihre Entgegnungen tatsächlich auszusprechen. Im Aussprechen stellt sich im Unterschied zum bloßen Darüber-Nachdenken ein spontanes Gefühl dafür ein, ob die Sätze stimmen oder nicht. Der fiktive Dialog *mit* dem Ehemann berührt die Ratsuchende noch einmal tiefer als das Gespräch *über* den Ehemann[55].

---

55 Zur Methode vgl. *D. Rahm*, Gestaltberatung. Grundlagen und Praxis integrativer Beratungsarbeit, Paderborn ⁴1986, 235ff; *E. Pol-*

Einen biblischen Gedanken einbringen – darunter verstehe ich also, *eine Lebensproblematik im Licht der biblischen Botschaft zu deuten und diese Deutung situationsgerecht in das Gespräch einzubringen.* Ich versuche somit, Lebenshilfe im Licht des biblischen Glaubens zu leisten. Wiederum gilt: Ob solche Lebenshilfe auch zur Glaubenshilfe (im engeren Sinne) wird, dafür muß ich das Gespräch offenhalten, dies kann ich aber nicht erzwingen.

Ob ich den biblischen Gedanken explizit als biblischen kenntlich mache, entscheide ich von Fall zu Fall. Des öfteren bringe ich ihn zunächst ›anonym‹ ein und stelle erst zu einem späteren Zeitpunkt den biblischen Bezug her[56]. Dazu noch ein Beispiel:

Frau S. erzählt mir, wie sie sich im Beruf und in der Partnerschaft völlig verausgabt. Sie ist stets fürsorglich und hilfsbereit, geht dabei aber permanent über ihre eigenen Grenzen, so daß ihr Körper in der letzten Zeit schon öfter ›gestreikt‹ hat. »Dann sage ich mir: Jetzt mußt du aber endlich auch mal was für deinen Körper tun. Aber sobald ich die Hände in den Schoß lege, komme ich mir völlig faul vor.« Mir ist klar, daß es wenig nützt, ihr ihre übertriebene Hingabe ausreden zu wollen. Hilfreicher wäre es, sie würde lernen, diese Fähigkeit auch »sich selbst« (Lev 19,18; Lk 10,27) zukommen zu lassen, also Selbsthingabe und Selbstachtsamkeit in ein ausgewogeneres Verhältnis zu bringen. Ich frage sie: »Wie würden Sie sich eigentlich behandeln, wenn Sie Ihre beste Freundin wären?« Sie: »Huch, das ist aber ein komischer Gedanke!« Ich ermutige sie, diesen komischen Gedanken doch einmal auszuspinnen. Zuerst zögernd, dann aber mit sichtbarer Freude beginnt sie auszumalen,

---

ster / M. Polster, Gestalttherapie. Theorie und Praxis der integrativen Gestalttherapie, Frankfurt a.M. 1983, 240ff sowie *K. Lückel*, Begegnung mit Sterbenden. »Gestaltseelsorge« in der Begleitung sterbender Menschen, München 1981, 57ff.
56 Vgl. dazu unten S. 92ff: Biblische Bündelung.

was sie für sich tun, wie sie sich verwöhnen würde. (Ich überspringe jetzt die Phase, in der ich mit ihr berede, was von dem Gesagten für sie ein erster realistischer Schritt sein könnte.) Gegen Ende des Gesprächs sage ich: »Sie kennen vermutlich das Wort aus der Bibel: ›Liebe deinen Nächsten wie dich selbst‹. Viele müssen die erste Hälfte dieses Wortes lernen. Das haben Sie nicht nötig, Sie können sich der zweiten Hälfte zuwenden.«

3. Biblische Sprachhilfe

Es gibt viele Gründe, warum Menschen das, was sie im Innersten bewegt, nicht auszusprechen vermögen. Dabei denke ich jetzt nicht primär an solche, deren sprachliche Mittel zu reduziert sind, um seelischen Konflikten einen adäquaten Ausdruck zu verleihen. Ich habe vielmehr Menschen vor Augen, die sich selbst nicht mehr verstehen, weil sie von ihren eigenen Gefühlen wie abgeschnitten sind, oder andere, die sich ihrer inneren Regungen schämen und meinen, sie sich verbieten zu müssen. In Situationen der Sprachlosigkeit können die Psalmen der Bibel eine Hilfe sein, weil sie den Betroffenen ihre Sprache ›leihen‹. Denn den Psalmen ist nichts von dem fremd, was einen Menschen in der Tiefe umtreiben kann, und die Psalmbeter haben Worte gefunden, es auszusprechen. Elementare Bilder der Angst etwa, die uns in unseren Träumen verfolgen, werden in den Psalmen in Worte gefaßt:

»... das Wasser geht mir bis an die Kehle. Ich versinke in tiefem Schlamm, wo kein Grund ist; ich bin in tiefe Wasser geraten und die Flut will mich ersäufen. Ich habe mich müde geschrien, mein Hals ist heiser.« (Ps 69,2–4)
»Gewaltige Stiere haben mich umgeben, mächtige Büffel haben mich umringt. Ihren Rachen sperren sie gegen mich auf wie ein brüllender und reißender Löwe. Ich bin ausgeschüttet wie Wasser, alle meine Knochen haben sich voneinander gelöst; mein Herz ist in meinem Leibe wie zerschmolzenes Wachs.« (Ps 22,13–15)

Wie wir die Psalmen in der Seelsorge als Sprachhilfe fruchtbar machen können, möchte ich an den Themen »Wut« und »Müdigkeit« deutlich machen[57].

a) Zum Thema Wut

In den sogenannten Rachepsalmen (etwa Ps 58; 59; 69; 94; 109) wenden sich Menschen, denen Unrecht geschieht und die an Leib und Leben bedroht sind, in ihrer Not an Gott. Sie bitten Gott um Hilfe:

»Errette mich, mein Gott, von meinen Feinden und schütze mich vor meinen Widersachern. Errette mich von den Übeltätern und hilf mir vor den Blutgierigen!« (Ps 59,2f)

Das Unrecht, das ihnen angetan wird, nennen sie beim Namen, ausführlich und in immer neuen, drastischen Bildern:

»Jeden Abend kommen sie wieder, heulen wie die Hunde und laufen in der Stadt umher. Siehe, sie geifern mit ihrem Maul; Schwerter sind auf ihren Lippen: ›Wer sollte es hören?‹« (59,7f)
»Sie laufen hin und her nach Speise und murren, wenn sie nicht satt werden.« (59,16)
»Witwen und Fremdlinge bringen sie um und töten die Waisen und sagen: Der Herr sieht's nicht, und der Gott Jakobs beachtet's nicht.« (94,6f)

Die Psalmbeter belegen ihre Widersacher mit Kaskaden von Schimpfworten: »Gottlose«, »Hoffärtige«, »Übeltäter«, »giftige Schlangen«, »Ottern«, »Blutgierige«,

---

57 Was die Psalmen als Sprachhilfe im Umgang mit Depressiv-*Kranken* betrifft, so verweise ich auf *H. Tacke*, Glaubenshilfe (s. oben Anm. 3), 115ff. Vgl. zum Ganzen auch *I. Baldermann*, Ich werde nicht sterben, sondern leben. Die Psalmen als Gebrauchstexte, Neukirchen-Vluyn, ²1994 sowie *ders.*, Wer hört mein Weinen? Kinder entdecken sich selbst in den Psalmen, Neukirchen-Vluyn, ⁴1993. Baldermanns Bücher gehören meines Erachtens zur seelsorgerlichen Pflichtlektüre!

»Hunde«. Und sie scheuen sich nicht, ganz einseitig zu beten, also die eigene Unschuld zu beteuern und alle Schuld den Gegnern zuzuschreiben:

»Starke rotten sich wider mich zusammen ohne meine Schuld und Missetat. Ich habe nichts verschuldet, sie aber laufen herzu und machen sich breit.« (59,4f)

Schließlich wagen es die Beter, Gott um die Vernichtung der Feinde zu bitten:

»... vernichte meine Feinde um deiner Güte willen und bringe alle um, die mich bedrängen ...« (143,12)
»... zerstreue sie aber mit deiner Macht, Herr, unser Schild, und stoß sie hinunter! ... darum sollen sie sich fangen in ihrer Hoffart mit all ihren Flüchen und Lügen. Vertilge sie ohne alle Gnade, vertilge sie, daß sie nicht mehr da sind.« (59,12.14)

Es ist hier nicht der Ort, die Theologie dieser Psalmen ausführlich zu entfalten, aber weil wir in einer langen Tradition stehen, die meinte, die Rachepsalmen Israels im Namen des christlichen Liebesgottes als überholt erklären zu müssen, scheinen mir einige korrigierende Hinweise doch angebracht. Wie wir noch sehen werden, ist die theologische Klärung auch seelsorgerlich relevant, weil eine theologische Kritik an den Rachepsalmen oft mit einer psychologisch höchst problematischen Abspaltung von Ärger und Wut aus dem Glaubensleben einherging.
Die Kritik richtet sich zum einen gegen die Einseitigkeit der Rachepsalmen[58]. Dazu ist zu sagen: Auch das Alte Testament weiß, daß wir »allesamt Sünder sind« (Röm 3,23). Deshalb heißt es in Klgl 3,39: »Was murren denn die Leute im Leben? Ein jeder murre wider seine Sünde!« Daraus folgt für die Psalmbeter aber nicht, daß da,

---

58 Vgl. zum folgenden meine Auslegung von Ps 59 in: *S. Bukowski / P. Bukowski*, Ein Buch voller Leben. Entdeckungen in der Bibel, Neukirchen-Vluyn ²1993, 99ff.

wo es um Recht und Unrecht geht, alle Katzen grau sind. Die Kommentare belehren uns, daß diese Gebete nicht irgendwelche Meinungsverschiedenheiten zum Anlaß haben, sondern Konflikte, in denen es um Leben und Tod geht. Hier darf aus der allgemeinen Sündenerkenntnis keine allseitige und allzeitige Ausgewogenheit folgen: Um der Gerechtigkeit Gottes willen müssen Unrechtstäter und Unrechtstaten benannt werden. Dies ist auch barmherziger, als von dem in Not Befindlichen zu verlangen, er müsse sich sogleich auch schon wieder zum Anwalt der Sichtweise seines Widersachers machen. Für heilsame Relativierung bleibt dennoch gesorgt, denn wer anklagend betet, muß wissen, daß er sich damit Gottes Urteil unterstellt. Entsprechend heißt es in Ps 139,23f nach dem Gebet gegen die Feinde:

»Erforsche mich, Gott, und erkenne mein Herz; prüfe mich und erkenne, wie ich's meine. Und sieh, ob ich auf bösem Wege bin, und leite mich auf ewigem Wege.«

Was nun den Vernichtungswunsch betrifft, so müssen wir genau hinhören. Denn das Ziel dieses Wunsches geht nicht darin auf, daß man dem oder den anderen nur eben schaden will. Es geht vielmehr um die Wiederaufrichtung des Rechts in der menschlichen Gemeinschaft, denn »Recht muß doch Recht bleiben« (94,15). Die Vernichtungsbitte strebt nach Erlösung vom Gewaltgebaren derer, die Unrecht tun. Der Beter gibt der Hoffnung Ausdruck, das Unrecht möge auf seine Urheber zurückschlagen, so daß die Übeltäter letztlich durch ihr eigenes Tun zum Erliegen kommen: »... darum sollen sie sich fangen in ihrer Hoffart mit all ihren Flüchen und Lügen.« (59,13)
Es ist wohl war, daß wir aus der Bibel zum Umgang mit Feinden auch noch andere Töne kennen, aber bevor wir allzu schnell den Gegensatz Altes Testament – Neues Testament ins Spiel bringen, sollten wir uns daran erinnern, daß noch auf den letzten Seiten der Bibel die Mär-

tyrer – ausgerechnet sie – inbrünstig zu Gott schreien: »Herr ... wie lange richtest du nicht und rächst nicht unser Blut an denen, die auf der Erde wohnen?« (Offb 6,10) Und schließlich: Der Psalmbeter, der Gott um Vernichtung seiner Feinde bittet, greift eben nicht selbst zur Waffe. Der Beter des Rachepsalms hält sich an das Wort: »Die Rache ist mein« (Dtn 32,35; vgl. Röm 12, 19) und vertraut darauf: »Der Herr wird seinem Volk Recht schaffen« (Dtn 32,36).

Der seelsorgerliche Wert dieser Gebete erschließt sich auf dem Hintergrund der Tatsache, daß in den vom Christentum geprägten westlichen Industriegesellschaften Gefühle und Verhaltensweisen wie Ärger, Wut und Aggression als unerwünscht gelten und auf vielfältige Weise abgewertet, reduziert, unterdrückt und abgespalten werden. Michael Klessmann, der der Frage nach »Ärger und Aggression in der Kirche« ausführlich nachgegangen ist, schreibt: »Traditionellerweise werden Liebe und Ärger/Aggression als sich ausschließend begriffen.«[59] Von den besprochenen Psalmen geht für die Seelsorge ein dreifacher Impuls aus:

α) Hier werden die negativen Gefühle Ärger, Zorn und Wut[60] zugelassen und zum Ausdruck gebracht. Es geschieht also nicht das, was die meisten unserer Ge-

---

59 Vgl. *M. Klessmann*, Ärger und Aggression in der Kirche, Göttingen, 1992; Zitat 169. Der Frage, wie sich diese Tendenz zu den in erschreckendem Maß zunehmenden Verrohungsphänomenen der westlichen Gesellschaften verhält, kann im jetzigen Zusammenhang nicht nachgegangen werden. Einfache Erklärungen gibt es nicht, man wird aber gewiß auf Zusammenhänge zwischen individueller Zurückdrängung und gesellschaftlicher Eruption von Aggression stoßen; vgl., ebd., 13ff sowie *H.P. Dreitzel*, Reflexive Sinnlichkeit, Köln 1992, 131ff. Was den Umgang mit Aggression in der Kirche betrifft, so ist auch für SeelsorgerInnen lesenswert *M. Josuttis*, Über Feindbilder in der Predigt, in: *ders.*, Rhetorik und Theologie in der Predigtarbeit. Homiletische Studien, München 1985, 87ff.
60 Zur Terminologie vgl. *M. Klessmann*, Ärger (s. oben Anm. 59), 23ff.

meindeglieder aus ihren Herkunftsfamilien mitbringen, daß solche Gefühle frühzeitig unter Kontrolle gestellt, abgewehrt und blockiert werden. Gerade die christliche Rede von Vergebung hat hier zum Teil verheerend gewirkt, weil sie einsetzte, bevor aufkommender Ärger auch nur angemessen gespürt, geschweige denn ausgesprochen und ausgetragen werden konnte. Aber unterdrückter Ärger und niedergehaltene Wut sind eben nicht weg. Sie bleiben, schwelen weiter; es mag dann sein, daß sie sich irgendwann unverhofft in völlig überzogener, also situationsunangemessener Weise Bahn brechen, oder sie richten sich nach innen und nagen an den eigenen Kräften. Die heilsame Botschaft der Rachepsalmen lautet: Ärger und Wut dürfen gespürt und ›herausgelassen‹ werden. Es ist erlaubt, ›böse Worte‹ über andere zu denken und auch auszusprechen.

β) Eine besonders verbreitete Weise, sich in seinem Ärger zu blockieren, läßt sich in dem Satz bündeln: »Man muß immer beide Seiten sehen.« Als abstrakte und an einen Außenbeobachter gerichtete Forderung ist er nicht falsch. Aber im Konflikt wirkt er verhängnisvoll, wenn er verhindert, eine eigene Sichtweise einzunehmen und zu dem eigenen Standpunkt zu stehen. Entgegen einer weitverbreiteten Meinung finden ichschwache Konfliktpartner aber kaum zu befriedigenden Lösungen, eher begnügen sie sich mit einem ›breiigen‹ faulen Frieden. Die Psalmbeter hingegen gestehen sich zu, die Lage ganz einseitig zu sehen, zu bewerten und auszusprechen. Dies ist die zweite ›seelsorgerliche Botschaft‹, und sie gilt es festzuhalten – unbeschadet der objektiven Rechtslage. Wie sich die Dinge ›in Wirklichkeit‹ verhalten, ist eine andere und zu gegebenem Zeitpunkt auch wichtige Frage. Aber zunächst hat (zumal in der Seelsorge) ein Mensch das Recht auf seine Sicht der Dinge. Und obwohl es immer wieder geschieht, ist es geradezu ungesund, ihn ausgerechnet im Stadium innerer Aufgewühltheit auf Objektivität zu verpflichten, ihm also abzuverlangen, die Dinge auch einmal von der anderen Seite zu sehen.

γ) Rachepsalmen sind Gebete. Darin liegt für mich ihre stärkste Botschaft: Der Glaube muß nicht dafür herhalten, Ärger, Wut und Aggression schamhaft oder ängstlich zu verdrängen, wir dürfen vielmehr mit unserer Wut, ja sogar mit unseren Vernichtungsphantasien vor Gott treten. Daß sie darin auch eine heilsame Begrenzung erfahren, habe ich oben erwähnt. An dieser Stelle möchte ich auf die reinigende Kraft solcher Gebete hinweisen. Es tut einfach gut, das Böse, das man dem anderen gönnt, einmal auszusprechen, sich die Pest, die man ihm an den Hals wünscht, auszumalen. Je mehr man sich auch Übertreibungen zugesteht, desto eher findet der Ärger sein dem Anlaß entsprechendes Maß. Es gibt nun in diesem Zusammenhang in evangelikalen Kreisen einen Fehlschluß, den ich ausdrücklich abweisen möchte: »Wirf Deine Wut auf Gott und übe an dem, der sie ausgelöst hat, Vergebung«. Ich halte dies nur für eine andere Variante der Abspaltung: Die Rachepsalmen sollen zur Aufrechterhaltung der Konfliktvermeidung herhalten. Nein, da, wo es die Situation ermöglicht, müssen wir in der Seelsorge dazu ermutigen, negative Gefühle an die Adresse weiterzugeben, der sie gelten. Es gibt ein »Nein *in* der Liebe«. Das Beten kann den Konfliktaustrag begleiten, ersetzen darf es ihn nicht.

Nun noch einiges zur *seelsorgerlichen Praxis*. Der von den Rachepsalmen ausgehende Impuls kann auf verschiedene Weise ins Gespräch gebracht werden.
Zum einen mehr indirekt, also als biblischer Gedanke: Ich höre zum Beispiel jemandem zu, der mir erzählt, was sein Kollege ihm Gemeines angetan hat. Doch schon das Wort Gemeinheit nimmt er nicht in den Mund. Obwohl ich merke, wie verletzt er ist, redet er sehr vorsichtig-abwägend, fast rücksichtsvoll. Irgendwann frage ich: »Sind Sie eigentlich überhaupt nicht ärgerlich?« Er: »Ärgerlich?« – und lächelt ein wenig. Darauf ich: »Ich mußte gerade an eine Stelle in der Bibel denken, wo einem Unrecht geschieht. Dort geht es aber ganz anders

zur Sache ...« Seine Reaktion: »Wie meinen Sie das?«
Ich sage (zunächst möglichst kurz) etwas zum Stichwort
»Gebet gegen andere«, rede von »Einseitigkeit« und davon, »sich für den anderen einmal möglichst treffende
Schimpfworte zu überlegen«. Manchmal soll ich dann
noch ein Beispiel nennen, manchmal wirkt schon ein solcher Hinweis als Einladung, mehr von dem, was bisher
unter der Decke gehalten wurde, auszusprechen.
Bisweilen rede ich direkt von den Rachepsalmen. Ich sage etwa: »Mir scheint, in Ihnen geht etwas vor, wie ich es
aus manchen biblischen Rachepsalmen kenne.« Wieder
reicht manchmal schon das vom Pastor (!) ohne Wertung
eingespielte Wort »Rache«, um zum Reden zu ermutigen. Es kann aber auch das Gegenteil eintreten, daß nämlich das Wort »Rache« den Widerstand zunächst erhöht:
»Rache? Also das nun wirklich nicht, ich bitte Sie ...«
Auch das kann weiterführend sein, denn oft helfen seitens des Seelsorgers eingebrachte Übertreibungen, den
Blick des/der anderen überhaupt in diese Richtung zu
lenken, um dann in Auseinandersetzung mit der Übertreibung[61] zur eigenen Position zu finden. Ich muß als
Seelsorger in solchen Fällen also noch ein wenig ›am
Ball‹ bleiben: »Sie sagen: Rache ist es nicht. Was könnte
es dann sein, was Sie sich wünschen?« Darauf der andere: »Ich finde schon blöd, daß der austeilt, wie er will,
und selbst immer wieder auf die Füße fällt ...«
Eine andere Reaktion auf das Stichwort »Rachepsalm«
lautet schlicht: »Was meinen Sie damit?« Oder auch:
»Was ist das?« Nach einem kurzen Satz der Einleitung
(»Das sind Gebete von Leuten, die sich ganz ungerecht
behandelt fühlten«) erwähne oder zitiere ich einige typischen Aussagen. Und wieder: Manchmal genügt das
dem Gesprächspartner als Anregung, um nun seinerseits
noch mehr von dem zu erzählen, wie es ihm ergangen

---

61 Zur ›Methode‹ der Übertreibung vgl. *Chr. Thoman / F. Schulz von Thun*, Klärungshilfe (s. oben Anm. 24), 80 sowie *D. Rahm*, Gestaltberatung (s. oben Anm. 55), 224ff.

ist, was einen so wütend macht und was man den anderen alles könnte. Und das ist, wie mehrfach betont wurde, ein wichtiger Schritt, um mit Verletzungen umgehen zu lernen.

Der weitere Verlauf solcher Gespräche ist von Fall zu Fall unterschiedlich. Einmal geht es einem Ratsuchenden mehr um die Frage, wie er es schafft, dem anderen offen die Meinung zu sagen; ein andermal um die Frage, wie man lernt, sich besser zu schützen oder zu wehren. Erwähnen will ich nur noch, daß gerade Gespräche über Ärger oder Wut oft auch die Dimension von Glaubensgesprächen bekommen. Denn eine bisher noch nicht genannte, aber gar nicht so seltene Reaktion auf das Stichwort »Rachepsalm« (oder »Rachegebet« oder »Gebet gegen Feinde«) lautet: »Wie, und so was darf man?«, »So was steht in der Bibel?« Dann kommen im Gespräch auch die Hemmnisse und Ängste zur Sprache, die ›auf das Konto von Religion gehen‹, und wo wir unter Umständen mit einer der häßlichen Seiten christlicher Wirkungsgeschichte konfrontiert werden.

b) Zum Thema Müdigkeit[62]

Mit dem Stichwort »Müdigkeit«, das ich dem 69. Psalm entnehme, meine ich hier nicht den gesunden Zustand dessen, der sich nach getaner Arbeit nach Ruhe sehnt, sondern eine Erschöpfung aller Kräfte des Leibes und der Seele und vor allem des Mutes. Von ihr können Menschen in tiefer Trauer befallen werden, aber auch solche, die an der vermeintlichen Sinnlosigkeit ihres Lebens verzweifeln und so oder so in depressive Zustände verfallen. Müdigkeit – da kann eine(r) plötzlich nicht einmal mehr die einfachsten Dinge in die Hand

---

62 Die biblischen Hinweise zur »Müdigkeit« und zu Ps 22 sind stark an *I. Baldermann*, Ich werde nicht sterben (s. oben Anm. 57), 71ff.100ff angelehnt; einige seiner Formulierungen habe ich fast oder ganz wörtlich übernommen, ohne dies eigens kenntlich zu machen.

nehmen, da scheut er/sie jede Begegnung, und schon die kleinsten Herausforderungen, die sonst den Reiz des Tages ausmachen, werden zur Last; Erwartungen, die von außen an einen herangetragen werden, wirken plötzlich alle bedrohlich, selbst freundlich gemeinte Worte verletzen. Und: Solche Müdigkeit macht sprachlos.

Uns sitzt dann vielleicht ein Mensch gegenüber, der wenig oder gar nichts sagt und in sich zusammengesunken an uns vorbei irgendwohin ins Leere starrt. Wer einen in seiner Traurigkeit versunkenen Menschen erreichen will, muß seiner Seele behutsam nachgehen, muß den Abgrund aushalten, in dem er sich befindet, und mithelfen, das unsagbar Schreckliche sagbar zu machen. Vorzeitig ausgesprochene Worte des Trostes sind dort schädlich, weil sie den anderen nur noch mehr in die Einsamkeit des Unerreichbaren zwingen[63]. Die Klage hingegen – wie die Psalmen sie verstehen – ist schon der Beginn des Widerstands gegen die Angst, ist schon ein erster Schritt der Befreiung. Wer eine müde gewordene Seele zurückholen will, darf keine großen Sprünge, keine schnellen Erfolge erwarten, sondern muß sie Schritt für Schritt wieder herausgeleiten. Ps 22 macht etwas davon deutlich, denn dort verfolgt die Klage zuerst den Weg, der immer tiefer in die Angst geführt hat:

»Gewaltige Stiere haben mich umgeben ... Ihren Rachen sperren sie gegen mich auf wie ein brüllender und reißender Löwe ... Hunde haben mich umgeben, und der Bösen Rotte hat mich umringt; sie haben meine Hände und Füße durchgraben.« (Ps 22,13f.17).

Dann aber, am tiefsten Punkt, verwandelt sich die Klage in die Bitte um Hilfe, um Hilfe nicht auf einen Schlag, sondern als Ausweg, der sich Schritt für Schritt öffnet. Die Bitte verfolgt deshalb den Weg der Klage in umgekehrter Richtung zurück:

---

[63] Sie erweisen allenfalls dem/der SeelsorgerIn den zweifelhaften Dienst, sich dem eigenen Gefühl der Hilflosigkeit nicht stellen zu müssen!

»... meine Stärke, eile mir zu helfen! Errette meine Seele vom Schwert, mein Leben von den Hunden! Hilf mir aus dem Rachen des Löwen und vor den Hörnern wilder Stiere ...« (Ps 22,20–22)

Über dem Ende dieses Weges steht der Name Gottes als größter Trost. *Mein* Gott – der kleinste Buchstabe des hebräischen Alphabets macht aus einer unpersönlichen Macht den Gott, der für mich da ist, der mich kennt und meine Gedanken von ferne versteht (Ps 139,1–6) und der mich nicht verläßt. In dieser Anrede liegt das Gegengewicht zu aller Verlorenheit, die nicht nur depressive Menschen kennen, sondern viele, die sich in unserer heutigen Massengesellschaft nur noch wie ein namenloses Rädchen im Getriebe sehen. *Mein* Gott – das ist »meine Hoffnung«, »mein Fels«, »meine Hilfe«, »meine Burg« (Ps 62,3.7). Immer neue Namen des Vertrauens und der Hoffnung finden die Psalmen für Gott und setzen sie dem Zugriff der Angst entgegen.

Die Psalmen zeigen uns SeelsorgerInnen gleichsam paradigmatisch Wege aus der Angst und der Lähmung. Dabei werden wir in der seelsorgerlichen Begleitung ermüdeter Menschen mit langen Zeiträumen zu rechnen haben, und wohl selten oder nie wird ein einzelnes Gespräch den in Ps 22 vorgezeichneten Weg zurücklegen können. Aber auf verschiedenen Stationen der Begleitung versuche ich, auf die Psalmen als Sprachhilfe zurückzugreifen, wobei ich in diesem Fall ganz bewußt den geschriebenen Text zu Hilfe nehme. Als Einleitung sage ich etwa: »Ich merke, wie schwer es mir fällt, Sie in Ihrem Kummer zu verstehen« – wohlgemerkt, ich spreche *meine* Schwierigkeit an, nicht die meines Gegenübers –, »ich möchte Ihnen ein Gebet vorlesen. Vielleicht drückt es etwas von dem aus, was Sie empfinden.« Ich lese dann etwa:

»Mein Auge ist trübe geworden vor Gram, matt meine Seele und mein Leib ... Meine Kraft ist verfallen ... (Ich bin) eine Last meinen Nachbarn und ein Schrecken meinen Bekannten ... Ich bin vergessen in ihrem Herzen ... Ich bin geworden wie ein zerbrochenes Gefäß.« (Ps 31,10–13)

Manchmal vermögen solche aus der Tiefe der Seele entsprungenen Klageworte eine(n) GesprächspartnerIn zu erreichen:
Eine Gesprächspartnerin schaut mich, nachdem ich die eben zitierten Worte verlesen habe, an und sagt: »Das stimmt.« Ich frage zurück: »Was meinen Sie?« Darauf sie: »Das mit den Nachbarn ...« Und sie beginnt zu erzählen, wie sich jetzt, wo feststeht, daß ihre Krankheit nicht geheilt werden kann, immer mehr Freunde und Nachbarn von ihr fernhalten. Je länger sie erzählt, desto mehr spürt sie auch die Enttäuschung und Bitternis.
Ein anderer wird von einem einzelnen Bild besonders angesprochen. Er sagt daraufhin: »Ja, wie ein zerbrochenes Gefäß ...« Ich ermutige ihn, dieses Bild so, wie er es erlebt, auszumalen. Dabei habe ich die Erfahrung gemacht, daß das Stichwort »Gebet«, mit dem der Psalmtext eingeführt wurde, manchmal wie eine Erlaubnis wirkt, auch solche inneren Regungen oder Begebenheiten zu erzählen, derer man sich bisher meinte schämen zu müssen.
Noch einmal sei betont: Diese Phase des klagenden Sich-Aussprechens ist ungeheuer wichtig und darf nicht durch gutgemeinten ›Zuspruch‹ gestört werden. Deshalb lese ich die Dank- und Vertrauenspassagen, die sich in fast allen Klagepsalmen finden (etwa Ps 22,23–32) zunächst nicht mit vor. Zu einem späteren Zeitpunkt mag es hilfreich sein, auch biblische Bilder des Vertrauens oder der Hoffnung ins Gespräch zu bringen. Manchmal fragt ein Gesprächspartner nach, wie das zitierte Gebet denn weitergegangen sei, ob es dem Beter etwas genutzt habe. Es kann aber auch sein, daß ich von mir aus noch einmal auf die Psalmen verweise. Vor allem liegt mir daran, den *biblischen Realismus* ins Gespräch zu bringen, der im Blick auf Veränderung und Hoffnung mit langen Wegen rechnet und der etwas davon weiß, daß Gnade und Glück zweierlei sind: »Und ob ich schon wanderte durchs finstere Tal«, Gott ist bei mir. Den eigenen Leidensweg als Wüstenweg verstehen zu lernen ist heilsa-

mer, als an Traumbildern vom schnellen Wandel immer neu zu zerbrechen.
Wir sollten uns hüten, daß wir mit unserer Art, vom Glauben zu reden, nicht unbedacht und unversehens ins Fahrwasser der allgemeinen Glücks- und Erfolgsideologie geraten. Dies geschieht meines Erachtens auch dann, wenn wir allzu selbstverständlich von »Erfahrungen des Glaubens« reden[64]. Wir werden es oft genug mit Menschen zu tun haben, die Gott allenfalls noch als abwesenden ›erfahren‹. Mit Ps 23 gesagt: Das »finstere Tal« erfahren unsere GesprächspartnerInnen, aber das »Mitsein« Gottes, seinen Trost gar – das sind Worte aus einer anderen, ihnen ganz fernen oder fremd gewordenen Welt. Wir sollten das nicht überspielen. Wir sollten ihnen sagen, daß das so sein darf, daß sie sich nicht mühen müssen, diese Fremdheit oder Ferne mit aller Gewalt zu überbrücken; das »Mitsein« Gottes bleibt oft ein Geheimnis, das wir nicht zu ergründen vermögen. Wenn in der Seelsorge auch einmal der Modus verkündigenden Redens angebracht ist, dann gerade hier, wo wir unserem Gegenüber zusprechen können, daß Gottes Fürsorge nicht abhängig ist von unserem Glauben, von unserer Erkenntnis, auch nicht von unserer Erfahrung. Ich erinnere gern an eine Zeile aus dem Gesangbuchlied »So nimm denn meine Hände«[65], weil ich sie für mich selbst überaus tröstlich finde: »Ob ich auch gleich nichts fühle von deiner Macht, du führst mich doch zum Ziele, auch durch die Nacht.«
Ich habe bisher Anregungen gegeben, wie sich die Bibel *im Verlauf* eines Gesprächs einbringen läßt. Es steht noch aus, Formen des Bibelgebrauchs vorzustellen, die

---

64 Diese Gefahr sehe ich etwa in dem programmatischen Text, der von der Synode der EKD im November 1993 in Osnabrück beraten wurde: Leben im Angebot – Das Angebot des Lebens. Protestantische Orientierung in der Modernen Welt, epd-Dokumentation 51/93; vgl. bes. die Punkte II.5–7 (S. 11–16).
65 In das neue Evangelische Gesangbuch wird dieses Lied erfreulicherweise wieder aufgenommen (Nr. 376).

ihren Ort *am Ende* des Gesprächs haben. Dazu mag es vorab hilfreich sein, einige allgemeine Hinweise zur Beendigung eines Gesprächs zu geben, da dies ein besonders heikles Kapitel der seelsorgerlichen Begegnung ist.

Exkurs: Zur Kunst, ein Gespräch zu beenden

Viele SeelsorgerInnen werden schon die frustrierende Erfahrung gemacht haben, daß das Gespräch zu dem Zeitpunkt, als sie sich anschickten zu gehen, eine unverhoffte Wendung nahm: Der Seelsorger erhebt sich nach einem einstündigen, vorwiegend im Modus des Small talk geführten Gesprächs mit einer Konfirmandenmutter, als diese sagt: »Ach, eigentlich wollte ich ja noch mit Ihnen darüber reden, daß mein Mann uns verlassen will ...« – und sie beginnt zu weinen. Die sich hier abspielende Dynamik ist psychologisch leicht zu erklären. Wenn Menschen etwas als heikel Empfundenes auf dem Herzen haben, wohnen oft ›zwei Seelen in ihrer Brust‹: Ein Teil von ihnen will sich aussprechen, der andere scheut sich aus Scham oder Angst. Wenn man nun den Teil, der reden will, verstärkt, regt sich im Gegen-Teil ein entsprechend starker Widerstand.
Ein Beispiel: Jemand sagt: »Herr Pastor, eigentlich müßte ich Ihnen da was erzählen, aber ich weiß nicht, ob ich das machen kann.« Wenn nun der Seelsorger mit ermutigendem Zureden reagiert, wird er wahrscheinlich erleben, daß dies die zögernde Seite verstärkt und also das Aussprechen verhindert oder doch zumindest hinauszögert. Hingegen kann man diesen Mechanismus umgehen, indem man genau anders als erwartet reagiert. Etwa mit dem Satz: »Sie sollten mir nichts anvertrauen, solange Sie sich nicht sicher sind.« Oft ist die Reaktion verblüffend, denn jetzt beginnt unser Gegenüber zu erzählen: »Ach, ich kann ja mal anfangen ...«
Man nennt den Impuls, der (scheinbar unlogisch) den zögernden Teil verstärkt und gerade dadurch bewirkt,

daß der wollende Teil sich regt, eine »paradoxe Intervention«[66]. Oft hilft sie, unser Gegenüber vor allzu langen Umwegen zu bewahren.

Was heißt das nun für unser Ausgangsbeispiel? Die Ankündigung des Abschieds ist, wenn man so will, eine in Szene gesetzte paradoxe Intervention. Jetzt (endlich), wo ein Aussprechen eigentlich nicht mehr geht, regt sich in der Konfirmandenmutter der Teil, der das Problem ausgesprochen haben will. Um solche Erfahrungen zu vermeiden, kann es hilfreich sein, zu Beginn eines Gesprächs mitzuteilen, wieviel gemeinsame Zeit zur Verfügung steht. Wenn ich in Gesprächen, die freundlich ›dahinplätschern‹, vermute, mein Gegenüber könne noch etwas anderes auf dem Herzen haben, erinnere ich bisweilen an die noch verbleibende Zeit. Ich sage etwa: »Ich schaue zwischendurch mal auf die Uhr – ach, eine halbe Stunde kann ich wohl noch bleiben ...« Je nachdem, wie gut ich meine GesprächspartnerInnen kenne, kann ich mit Blick auf die verbleibende Zeit auch schon einmal mehr oder weniger direkt fragen, ob noch anderes besprochen werden sollte.

Was den *Zeitpunkt* des Gesprächsendes betrifft, so ist vor zwei Gefahren zu warnen: Zum einen kann ein(e) SeelsorgerIn ein Gespräch über Gebühr in die Länge ziehen, weil er/sie den Eindruck hat, bisher irgendwie nicht erfolgreich genug gewesen zu sein. Abgesehen davon, daß Erfolg in der Seelsorge eine zweifelhafte Kategorie ist – es gibt nun einmal mehr oder weniger befriedigende Gespräche, und in der Regel gewinnt ein als unbefriedigend erlebtes Gespräch nicht dadurch an Qualität, daß man sein Ende hinauszögert. Wenn man ehrlich ist, wird man entdecken, daß es einem bei solchem Hinauszögern (auch) um sich selbst geht: Irgendwie muß doch noch etwas möglich sein, damit man am Ende gesagt bekommt (oder sich zumindest selbst sagen kann), es sei ein

---

66 Vgl. etwa *P. Watzlawick*, Möglichkeit (s. oben Anm. 48), 77ff.

gutes, ein hilfreiches Gespräch gewesen. Aber Vorsicht! Der Satz: »Ich lasse dich nicht, du segnest mich denn« gehört nun wirklich in einen anderen Kontext und eignet sich gewiß nicht als Leitmotiv für seelsorgerliches Handeln.
Es gibt aber auch das andere: Gerade junge SeelsorgerInnen haben oft damit zu kämpfen, daß ältere und vor allem einsame Menschen das Ende eines Gespräches immer wieder hinauszögern wollen, einfach deshalb, weil ihnen der Besuch so gut tut. Sie können darin eine große ›Kreativität‹ entwickeln, nach dem Motto: »Wie, jetzt (nach eineinhalb Stunden) wollen Sie mich schon (!) verlassen, wo ich doch gerade noch Kaffee aufgesetzt habe, und ich selbst vertrage doch gar keinen ...« Wir werden davon ausgehen müssen, daß wir in manchen Fällen Abschiedsschmerz nicht verhindern können, auch dann nicht, wenn wir noch und noch einmal 20 Minuten zugeben. Insofern müssen wir die Verantwortung dafür übernehmen, wieviel Zeit wir mit unserem Gegenüber teilen wollen – und dann gehen, auch wenn es unserem Gegenüber sehr schwerfallen mag. Auch uns fällt es ja schwer, weil uns die Enttäuschung des/der anderen Gewissensbisse bereitet. Aber es gibt keine Alternative. Wenn wir der anderen Person zuviel Recht über unsere Zeit einräumen, besteht am Ende die Gefahr, daß wir sie, weil wir uns nicht abgrenzen können, ganz meiden.
In diesem Zusammenhang noch ein Hinweis: Wir sollten vermeiden, das Gesprächsende mit dem Verb »müssen« einzuleiten und unser Fortgehen womöglich zu rechtfertigen, indem wir aufzählen, welche Aufgaben als nächste auf uns warten. Das Verb »müssen« suggeriert unserem Gegenüber implizit, daß man eigentlich gern bleiben würde – es seien nur die äußeren Zwänge, die einen forttrieben. Kein Wunder, wenn der/die andere dies als Einladung versteht, jenen äußeren Zwängen die eigene Bedürftigkeit entgegenzusetzen, in der Hoffnung, daß sich dadurch für den/die PfarrerIn die Prioritäten noch einmal verschieben. Um an dieser Stelle eindeutig zu

sein, habe ich mir angewöhnt, »Ich werde (oder: möchte) jetzt aufbrechen« zu sagen und (in der Regel) nicht auf ›Verhandlungen‹ einzugehen.

Immer wieder wird auch uns SeelsorgerInnen die Erfahrung einholen: »Scheiden tut weh«. Dies gilt für gelungene und als glücklich erlebte Begegnungen, dies gilt aber auch und vielleicht noch mehr für problematische Begegnungen, wo wir gemeinsame Ziele nicht erreicht haben, wo wir einander etwas schuldig geblieben sind. Scheiden tut weh, weil jede Trennung ein ›kleines Sterben‹ bedeutet. Und, ohne dies hier vertiefen zu können: Scheiden tut vor allem solchen Menschen weh und ist mit Angst verbunden, in deren Seele sich die Spuren ›unzeitgemäßer‹ und nicht verarbeiteter Trennungen eingegraben haben: etwa der plötzliche Tod eines lieben Menschen oder der allzu frühe und nicht verkraftete Weggang eines Elternteils; jeder wichtige Abschied läßt dann alte Wunden neu spüren.

Scheiden tut weh; deshalb fällt es uns jenseits aller ›technischen‹ Probleme auch am Ende eines seelsorgerlichen Gespräches nicht immer leicht, Schluß zu machen. Denn wir werden an die Grenzen erinnert, die unserem Leben von außen gesetzt sind, wir werden aber auch mit unseren eigenen Grenzen und Unzulänglichkeiten konfrontiert. Gerade jetzt am Schluß erfahren wir das Geglückte im Schatten seines Endes, während das Mißlungene den Stempel der Dauer aufgedrückt bekommt: Wir können das ›Gute‹ nicht halten und das ›Schlechte‹ nicht wenden. In dieser Situation drohen wir ›Hütten zu bauen‹ oder zu fliehen – die Kehrseiten der gleichen Medaille.

Scheiden tut weh; was uns das Leben jedoch bisweilen aufzwingt, sollten wir, soweit es an uns liegt, in der Seelsorge zu vermeiden suchen: unverhoffte und abrupte Trennungen. Statt dessen sollten wir am Ende einer Begegnung Abschied voneinander nehmen. Je mehr wir lernen, den *Abschied als Teil einer Begegnung* zu verstehen und bewußt zu gestalten, desto leichter wird es

uns fallen, zu scheiden – nicht schmerzfrei, aber vielleicht erträglich.
Ein guter Abschied fügt sich aus einigen charakteristischen Elementen zusammen, die ich einmal je für sich betrachten möchte, um von da aus für Chancen und Gefahren des Gesprächsendes zu sensibilisieren. Zur Veranschaulichung vergrößere ich den Maßstab, das heißt ich wähle als Beispiel die Abschiedssequenz aus einem größeren Kontext: Stellen wir uns vor, wir begleiten einen Freund, der einige Tage zu Besuch war, zum Bahnhof. Was wird sich in der letzten Phase seines Aufenthalts zwischen uns abspielen? (Das folgende ist idealtypisch zu verstehen, in Wirklichkeit werden die einzelnen Elemente sich nicht immer so deutlich unterscheiden lassen, es mag auch eins fehlen oder an einer anderen Stelle vorkommen, dennoch hilft es, sie einmal einzeln in den Blick zu nehmen.)

a) Rückschau und gemeinsame Bewertung

Abschied nehmen bedeutet, das Erlebte ein erstes Stück weit gemeinsam zu verdauen. Wir spielen uns Erinnerungen zu, sagen etwa: »Das war schön, als wir ...« und teilen uns so gegenseitig noch einmal herausragende Ereignisse unserer Begegnung mit. Offenbar erleichtert es das Auseinandergehen und und die Hinwendung zu Neuem, wenn man zuvor das eben Vergangene noch einmal in die Gegenwart holt, gemeinsam anschaut und so für die Erinnerung festigt. Dazu gehört auch das gemeinsame Bewerten. Es gibt uns Sicherheit und erleichtert den Abschied, wenn wir wissen, was jeder von uns als bleibend wichtig aus der Begegnung mitnimmt, aber auch, was offengeblieben ist und beim nächsten Mal weitergeführt werden muß. Bei der Verabschiedung eines Freundes, die ich hier als Modell nehme, mag diese Phase den ganzen Weg zum Bahnhof hin andauern.
Am Ende eines Gesprächs mögen sich Rückschau und Bewertung in wenigen Sätzen vollziehen. Oft geschieht

das spontan: »Also, was ich heute besonders wichtig fand ...«; oder: »Zu einer Sache, die Du eben gesagt hast, habe ich noch eine Frage ...« Wir können diese Phase aber auch bewußt einleiten, indem wir unsererseits den Blick auf das bisher geführte Gespräch lenken. Als wichtig bleibt festzuhalten: Zu Beginn des Abschieds geht der gemeinsame Blick noch einmal zurück. Dies ist für die Verarbeitung des Gewesenen wichtig und für den Prozeß der Trennung hilfreich. Ein völlig neues Erlebnis würde diese Phase stören oder verhindern. Wir werden kaum auf dem Weg zum Bahnhof »noch schnell« in ein Museum hineinschauen! Auf das Gespräch bezogen: Jetzt ist die Zeit der *Bündelung* und deshalb nicht die Zeit für ein völlig neues Thema. Das sollte der/die SeelsorgerIn beherzigen; unter Umständen muß er/sie einen entsprechenden Wunsch von seiten des Gegenübers enttäuschen bzw. vertagen. Ich werde später zeigen, wie sich die Bibel in dieser Phase des Abschieds ins Gespräch bringen läßt.

b) Verabredung

Wenn eine Begegnung gut war, erst recht jedoch, wenn wir den Eindruck haben, die gemeinsame Zeit sei zu kurz gewesen, erleichtert es die Trennung, wenn wir eine gemeinsame Perspektive für die Zukunft entwickeln; sei es, indem wir eine neue Begegnung verabreden, sei es, indem wir Absprachen über den Modus unserer weiteren Kontaktnahme treffen: »Ich schreibe Dir, sobald ich angekommen bin« oder: »Ruf mich doch an, wenn Du magst, am nächsten Wochenende erreichst Du mich bestimmt.«
Mehr noch als unter Freunden, die einander einzuschätzen wissen, müssen wir an dieser Stelle im seelsorglichen Gespräch große Sorgfalt walten lassen. Daß wir in unseren Verabredungen verläßlich zu sein haben, versteht sich von selbst. Gefahren lauern vor allem da, wo wir unbedacht zu große oder zu vage Versprechungen

machen. Der Satz etwa: »Sie können mich jederzeit anrufen« könnte einem Seelsorger schon bald leid tun, und es schafft unnötige Enttäuschung, wenn man ein Versprechen im nachhinein einschränken oder aufkündigen muß. Problematisch ist auch die Ankündigung: »Ich schau demnächst mal wieder vorbei.« Denn unter »demnächst« wird ein einsamer Mensch, der nicht im Arbeitsprozeß steht, etwas anderes verstehen als ein(e) vielbeschäftigte(r) PfarrerIn.
Ich habe übrigens die Erfahrung gemacht, daß gerade bei älteren Menschen die Aufforderung: »Rufen Sie mich doch an, wenn ich mal wieder vorbeischauen soll« oft nicht funktioniert. Ich selbst meinte dann, mich auf ein Signal des/der anderen verlassen zu können, und war froh, mir keinen Termin behalten zu müssen. Oft habe ich solche Menschen dann eine ganze Zeitlang schlicht vergessen und erfuhr später von ihrer Enttäuschung. Offensichtlich hatten sie die Verabredung falsch verstanden oder scheuten sich, aus welchen Gründen auch immer, ihrerseits den ersten Schritt zu tun.
Wir sollten bei Begegnungen, die auf Wiederholung angelegt sind, möglichst klare und verbindliche Absprachen für die Zukunft treffen. Besonders, wenn unser Gegenüber der längeren Begleitung bedarf, kann es hilfreich sein, eine Serie von – zeitlich jeweils begrenzten – Gesprächsterminen oder einen festen Gesprächsrhythmus zu verabreden. Dies verschafft unserem Gegenüber Sicherheit und entlastet von dem Druck, ›alles‹ in eine einzige Begegnung hineinpacken zu müssen. Außerdem hilft ein klares ›setting‹ gerade einem bedürftigen Menschen, die seelsorgerliche Beziehung als das zu begreifen, was sie ist, anstatt sie mit anderen Formen zwischenmenschlicher Verbundenheit zu verwechseln, etwa mit Freundschaft, Liebe oder einem Verwandtschaftsverhältnis. Darüber hinaus macht eine feste Terminabsprache implizit deutlich: »Ich will Dich begleiten, ich bin allerdings nicht jederzeit für Dich verfügbar«. Auf diese Weise schützen wir uns selbst, wir schützen aber auch

die andere Person, indem wir sie an ihre Eigenständigkeit und Selbstverantwortung erinnern und so mithelfen, daß kein schädliches Abhängigkeitsverhältnis zu uns entsteht.

c) Wegzehrung

Wenn wir uns auf länger hin verabschieden oder wenn die ›Rückreise‹ lange währt und erst recht, wenn dem Freund eine ungewisse oder gar gefahrvolle Zukunft bevorsteht, pflegen wir ihm etwas mit auf den Weg zu geben. Dies mag etwas so Handfestes sein wie Reiseproviant oder eine anregende Lektüre. Dies kann aber auch ein Stück der Erinnerung an gemeinsam Erlebtes sein oder ein kleines persönliches Geschenk, mit dem wir ihm ›ein Stück von uns‹ mit auf den Weg geben.
Wegzehrung muß nicht sein, sie ist kein notwendiges Element des Abschieds, aber wenn wir dem/der anderen etwas mit auf den Weg geben, dann geschieht das in der Regel mit Überlegung und mit liebevoller Sorgfalt: Was paßt? Was ist hilfreich oder praktisch oder originell oder ...?
Ich betone das, weil an dieser Stelle des Abschieds im seelsorgerlichen Gespräch – gerade im Blick auf unser Thema – eine große Chance entweder überhaupt vertan oder aber allzu lieblos und unbedacht wahrgenommen wird. Ich rede von den vielfältigen Möglichkeiten, die sich uns bieten, unserem Gegenüber ein biblisches Zeugnis in Form eines *gedruckten Abschiedsgeschenks* als Wegzehrung mitzugeben. Wer diesen Gedanken naserümpfenderweise als »Traktätchenverteilen« abtun wollte, weiß nicht, wovon er redet, denn hier gibt es neben allerlei Spreu auch sehr viel Weizen! Allerdings wäre solche Ignoranz nur teilweise dem/der einzelnen SeelsorgerIn anzulasten. Denn es gibt zwar einen schier unüberschaubaren Markt von Traktatliteratur, Bildbändchen, Spruchkarten, Kinderbibeln usw., aber mir ist nur eine Untersuchung bekannt (und die stammt aus dem

Jahr 1972[67]!), die helfen würde, jenen Markt zu sichten und Kriterien für die Auswahl und den Einsatz solcher Wegzehrung zu erarbeiten. Es wäre meines Erachtens für HochschullehrerInnen und AusbilderInnen aller Mühen wert, sich mit gleicher Energie in dieses Feld zu begeben, mit der sie Forschungsberichte über die poimenische Fachliteratur verfassen! Einstweilen sind SeelsorgerInnen zur Selbsthilfe aufgerufen, zu der ich an dieser Stelle ausdrücklich ermutigen möchte.
Zur Anregung berichte ich wieder aus unserer Seelsorgeausbildung, wo diese Frage einen festen (und beliebten!) Programmpunkt bildet:
Zunächst stellt jede(r) vor, was sich in ihrer/seiner Seelsorgepraxis bisher bewährt hat. Ich staune immer wieder, wieviel wirklich gutes Material es gibt, von dessen Existenz ich bislang keine Ahnung hatte – übrigens auch von Verlagen, deren generelle Ausrichtung einem eher fremd sein mag! Allein schon diese Ideenbörse ist hilfreich. Denn über die Materialsichtung hinaus wird im Austausch auch deutlich, daß schriftliche Wegzehrung nicht auf Kranken-, Trauer- und Geburtstagsbesuche beschränkt zu sein braucht. Auch am Ende eines ›Problemgesprächs‹ kann es angebracht sein, eine Spruchkarte, eine (vielleicht sogar) handgeschriebene Gesangbuchstrophe oder einen Segensspruch mitzugeben. Manche KollegInnen legen sich eine Sammlung kopierter Zitate, Predigten oder Aufsätze an, in denen eine spezielle Glaubens- oder Lebensfrage besonders hilfreich oder erhellend behandelt wird. Bei Gesprächen in der eigenen Wohnung können sie gegebenenfalls darauf zurückgreifen, ansonsten darf man Wegzehrung auch ›nachliefern‹.

---

67 *J. Brennin u.a.*, Leid und Krankheit im Spiegel Religiöser Traktatliteratur. Eine Problemanzeige, ThPr 7 (1972), 302ff. Diese lesenswerte Untersuchung ist freilich auf das im Titel angezeigte Problemfeld konzentriert und behandelt ausschließlich den Inhaltsaspekt, nicht aber Fragen, die in der Praxis ebenfalls wichtig sind: Sprache, künstlerischer Wert, methodische Aufbereitung, Gestaltung, Lesbarkeit usw.

Ebenso interessant und anregend ist es, sich mit Kolleg-Innen über die theologischen, psychologischen, pädagogischen, sprachlichen und künstlerischen Kriterien für die Auswahl von gedrucktem Material auszutauschen – bis hin zu der Frage, was das Ganze kosten darf.
Im Rahmen der Ausbildung wird manchen bewußt, wie wenig Zeit und Mühe sie bislang auf diese Fragen verwendet hatten. Aber gerade die, die daran interessiert sind, die Bibel ins Gespräch zu bringen, sollten diesem Element des Abschieds verstärkte Aufmerksamkeit zuwenden. Denn ein guter Traktat, den ich am Ende einer Begegnung verschenkt habe, kann tiefer und nachhaltiger wirken als das Gespräch selbst und kann einen wichtigen inhaltlichen Impuls für ein weiteres Gespräch geben.

d) Gute Wünsche

Am Ende des Abschieds steht die eigentliche Verabschiedung. Jetzt, wo wir den anderen Menschen definitiv loslassen müssen, versichern wir ihn noch einmal der Verbundenheit, die wir in Gedanken aufrechterhalten: »Ich denke an Dich« – und entlassen ihn mit güten Wünschen: »Alles Gute« oder: »Leb wohl«. Eine Reihe unserer alltäglichen Abschiedsformeln haben die Erinnerung daran aufbewahrt, daß unser Loslassen einhergeht mit dem Überlassen des anderen an eine gute, ihn beschützende ›Macht‹: »Gott befohlen« oder: »adieu« (davon abgeleitet: »tschüs«).
Dieser Phase des Abschieds sind Gebet und Segen zuzuordnen, denen ich mich im übernächsten Abschnitt zuwenden werde.

4. Biblische Bündelung

Die biblische Bündelung hat ihren Ort in der Phase des Abschieds, wo es um Rückschau und gemeinsame Bewertung geht. Oft bietet sich hier die Chance, das Be-

sprochene ins Licht der biblischen Botschaft zu rücken. Zunächst wieder ein Beispiel:
J., ein neunzehnjähriger junger Mann, hat mir von seinen Problemen erzählt, genauer: von einem wahren Problemwust, der sich um die Frage nach seiner weiteren beruflichen Zukunft rankt: Er möchte – so erzählt er atemlos – gegen den Willen seiner Eltern jetzt, nachdem er seine Gesellenprüfung als Elektroniker bestanden hat, Musik studieren. Gleichzeitig fürchtet er, einen Bruch mit seinen Eltern nicht zu verkraften; deshalb arbeitet er zur Zeit noch. Solange er aber arbeitet, hat er zuwenig Zeit, sich auf die Aufnahmeprüfung vorzubereiten; wenn er aber durchfällt, wird es immer schwerer, einen neuen Anlauf zu nehmen. Gibt er seinen Studienwunsch jedoch auf, hat er das Gefühl, des ›Eigentliche‹ im Leben verpaßt zu haben, andererseits fragt er sich selbst, ob er vernünftig handelt: Werde ich als Musiker einmal eine Stelle bekommen? Im weiteren Verlauf unseres Gesprächs wird ihm deutlich, daß seine vorrangige Aufgabe darin besteht, die verschiedenen Problemebenen zu sortieren, Prioritäten festzulegen und sich realistische Teilziele zu setzen, anstatt alles gleichzeitig im Kopf zu bewegen, sich permanent zu überfordern und dadurch zu blockieren. Gegen Ende des Gespräches erklärt J.:»Na, dann werde ich mich also zu Hause mal hinsetzen und mir aufschreiben, was ich als erstes anpacken und entscheiden muß und was danach.« Ich antworte: »Ich glaube auch, daß jetzt erst einmal sortieren angesagt ist, damit Du nicht immer alles gleichzeitig hin und her überlegst.« Dann füge ich hinzu: »Dabei fällt mir noch etwas ein. Du erinnerst dich sicher an das Vaterunser. Da lautet eine Bitte: ›Unser tägliches Brot gib uns heute‹. Das ›heute‹ ist ganz wichtig. Wir bekommen immer soviel Kraft, wie wir für einen Tag brauchen. Deshalb sollen wir uns auch nicht mehr vornehmen, als wir an einem Tag schaffen können.« Darauf J.: »Dann ginge es mir besser.« Ich antworte: »Das Sortieren ist ein guter erster Schritt.« Später, nachdem wir einen

neuen Termin ausgemacht haben, sage ich bei der Verabschiedung: »Ich werde in den nächsten Tagen, wenn ich das Vaterunser bete, beim Wort ›heute‹ an Dich denken.«
Das Beispiel macht deutlich, daß es sich bei der biblischen Bündelung im Vergleich zum Bisherigen um keine neue Sprachform handelt. Es soll lediglich über das oben zur biblischen Geschichte und zum biblischen Gedanken Gesagte hinaus ein besonderer Zeitpunkt markiert werden, an dem beides – noch einmal oder auch erstmalig – ins Gespräch gebracht werden kann: eben zu Beginn des Abschieds in der Phase der Rückschau und der gemeinsamen Bewertung. Diesem spezifischen Gesprächsort ist Rechnung zu tragen. Wie im Exkurs ausgeführt wurde, verträgt diese Phase des Abschieds keine neuen Erlebnisse oder Themen, es geht vielmehr um ein gemeinsames Anschauen dessen, was als bedeutsam erlebt wurde. Zwar habe ich das wichtige Stichwort »sortieren« mit dem Hinweis auf das »Vaterunser« in eine biblische Perspektive gerückt, aber ich habe damit kein neues Thema angeschlagen, sondern etwas, was bisher schon bedeutsam geworden war, noch einmal von einer anderen (aus meiner Sicht freilich: wesentlichen) Seite her verstärkt. Dabei mag das Stichwort »heute« für J. wie ein Anker wirken, an dem sich seine Erinnerung an das Gespräch festmachen kann.
Bei der biblischen Bündelung ist also darauf zu achten,
– daß sie tatsächlich das Bisherige bündelt und nicht etwa eine neue Thematik zur Sprache bringt,
– daß sie im Kontext des bisherigen Gesprächs evident ist,
– daß sie kurz und einprägsam ist.
Ich möchte in diesem Zusammenhang eine Rückfrage aufgreifen, die sich an die biblische Bündelung wie auch an Gebet und Segen stellen läßt. Sie lautet: Wirkt es nicht trotz allem aufgesetzt, abständig und pastoral, wenn am Ende eines ›profanen‹ Gesprächs ein Seelsorger seinem Gegenüber nun doch noch mit der Bibel kommt?

Zunächst bleibt festzuhalten, daß auch in der Abschiedsphase die Frage, ob wir als SeelsorgerInnen die Bibel ins Gespräch bringen, von Fall zu Fall neu entschieden sein will. Dabei sollten wir vor allem Spekulieren über die Wirkung unserer Worte auf uns selbst achthaben: Entweder wir finden ein biblisches Wort zum gegebenen Zeitpunkt hilfreich, dann bringen wir es auch ein, oder nicht, dann lassen wir es für dieses Mal. Wenn wir selbst unsere Worte hilfreich und stimmig finden, werden sie auch anders ›ankommen‹ als dann, wenn wir sie aus (un)frommem Zwang heraus sagen. Darüber hinaus habe ich bereits davor gewarnt, vom Säkularismus unserer ZeitgenossInnen überbeeindruckt zu sein: Die Gefahr einer geistlichen Unterversorgung ist mindestens ebenso groß wie die eines Zuviel. Schließlich sollten wir uns bewußt machen, daß wir als kirchlich beauftragte SeelsorgerInnen aus der Sicht unserer GesprächspartnerInnen die ›geistliche Dimension‹ immer schon mitbringen.
Es ist das Verdienst von Hans van der Geest, diesen Aspekt deutlich herausgestellt zu haben:

»Von Anfang an hat die Begegnung mit einem Menschen, der die Rolle des Seelsorgers beruflich oder ehrenamtlich trägt, eine spezifische Disposition für den geistlichen Bereich und damit einen eigenen Charakter. Die Begegnung ist im Keim sofort schon seelsorgerlich, auch wenn noch ein rechtes Verhalten nötig ist, soll der Keim sich entfalten. Damit weist die berufliche Seelsorge auf die kirchliche Beauftragung, auf das Amt, als wichtige Quelle ihrer Kraft.«[68]

Dies mag uns theologisch nicht einmal recht sein.

Aber »die theologische Fragwürdigkeit dieser Sachlage hebt ihre Tatsächlichkeit nicht auf ... Menschen haben nun einmal das Bedürfnis, existentielle Bereiche wie die geistliche Lebensdimension in konkreten Verkörperungen zu erleben.«[69]

68 Vgl. *H. van der Geest*, Unter vier Augen (s. oben Anm. 16), 227ff; Zitat 227.
69 Ebd., 228 sowie *M. Josuttis*, Der Pfarrer ist anders. Aspekte einer zeitgenössischen Pastoraltheologie, München 1982, 28ff.89ff.

Van der Geest hat gezeigt, wie der *Aspekt des Amtes* das seelsorgerliche Handeln zu entlasten vermag:

»Die Tatsache, daß das kirchliche Amt für die Adressaten der Seelsorge einen Hinweis auf die geistliche Dimension bildet, entlastet den beruflichen Seelsorger von der Aufgabe, seinen Begegnungen ein spezifisch seelsorgerliches Gepräge zu verleihen: diese Arbeit ist schon gemacht ... Es ist überflüssig, dem Gesprächspartner durch gewollte Signale zu erkennen zu geben, daß es sich in der Begegnung um Seelsorge handelt.«[70]

Insofern van der Geest die SeelsorgerInnen mit dem Hinweis auf das Amt von schädlichem Verkündigungsdruck befreien will, ist ihm nur zuzustimmen. Aber gerade weil ich seiner Grundthese zustimme, möchte ich das andere daneben setzen: Die ›geistliche Dimension‹, die durch das Amt immer schon mitgesetzt ist, befreit uns auch vor falscher Scheu: Wer sich mit einem kirchlichen Seelsorger ›einläßt‹, wird nicht aus allen Wolken fallen oder vor den Kopf gestoßen sein, wenn dieser die geistliche Dimension zur rechten Zeit und in der rechten Art und Weise auch explizit zur Sprache bringt[71]. Deshalb gilt auch für die Schlußphase eines Gesprächs: *Nicht ob, sondern wie wir die Bibel ins Gespräch bringen, ist die entscheidende Frage.*

5. Gebet und Segen

Gerade weil es vielen LeserInnen ganz natürlich erscheinen wird, daß am Ende dieses Teils nun auch Gebet und Segen thematisiert werden, halte ich zunächst folgende Klarstellung für notwendig: In einer Hinsicht sprengt das Thema »Gebet« den Rahmen meiner Fragestellung. Ging es bisher darum, wie wir die Bibel gesprächsgerecht zur Sprache bringen können, so stellt das Gebet,

---

70 *H. van der Geest*, Unter vier Augen (s. oben Anm. 16), 229.
71 Das geschieht im übrigen auch ebd., bes. 198ff.

wenn wir es denn theologisch ernst nehmen, in der Tat einen Abbruch, zumindest aber eine Unterbrechung des Gesprächs zwischen einem Seelsorger und seinem Gegenüber dar. Denn beten heißt: mit *Gott* reden. Im Gebet bin ich – auch wenn ich die Anliegen meines Gegenübers stellvertretend in Worte fasse – nicht mehr diesem, sondern Gott zugewandt. Auch im Rahmen der Seelsorge bleibt das Gebet ein Akt der *Anrufung Gottes*[72]. Wenn wir das vergessen, droht die Gefahr, das Gebet zu mißbrauchen. Dazu vorab zwei Warnungen:

Ein Mißbrauch des Gebets liegt vor, wenn es als Ersatz für ein Gespräch über Gott und den Glauben herhalten muß. »Wenn es dem Seelsorger schwer fällt, schlicht und offen, mit offenen Augen, vom Glauben zu reden, kann das Gebet die Flucht in ein Ritual sein«[73]. Eine andere Form des mißbräuchlichen Betens besteht darin, das Gebet pädagogisch (oder missionarisch!) zu verzwecken: Anstatt an der Seite des/der anderen zu Gott zu reden, versucht der/die SeelsorgerIn eigentlich dem Gegenüber noch etwas mitzuteilen, tarnt diese Mitteilung jedoch als Gebet[74].

Wir sollten uns auch davor hüten, die Gesprächssituation mißbräuchlich zu nutzen, indem wir unser Gegenüber durch das Gebet in eine Intimität zwingen, die weder unserer Beziehung noch dem Charakter der Begegnung angemessen ist. Denn dem Gebet als einer gottesdienstlichen Handlung eignet immer dann ein hoher Grad an geistlicher Intimität, wenn es außerhalb eines festen got-

---

72 Zur Theologie des Gebets und speziell zur Kategorie der »Anrufung« vgl. *K. Barth*, KD IV/4, 136ff. Für SeelsorgerInnen empfehlenswert und für Gemeindeglieder gut verständlich sind *E. Jüngel*, Was heißt beten? in: *ders.*, Wertlose Wahrheit. Zur Identität und Relevanz des christlichen Glaubens. Theologische Erörterungen III, München 1990, 397ff sowie *O. Herlyn*, Beten. Welchen Sinn hat es, mit Gott zu reden?, Wuppertal 1990.
73 *H. van der Geest*, Unter vier Augen (s. oben Anm. 16), 205.
74 Vgl. *P. Bukowski*, Predigt wahrnehmen (s. oben Anm. 5), 21f.

tesdienstlichen Rahmens gesprochen wird. Wir SeelsorgerInnen brauchen dabei nur an uns selbst zu denken: Wie sehr scheuen sich die meisten von uns, über ihre persönliche Gebetspraxis auch nur zu reden, geschweige denn außerhalb festgelegter Orte und Zeiten mit anderen gemeinsam zu beten. Es gilt deshalb in der Seelsorge, die Grenze der geistlichen Intimität zu achten – und das ist etwas anderes als die pauschale Scheu vor dem vermeintlichen Unglauben unseres Gegenübers, um die es weiter oben ging. Dazu und zu einigen anderen Fragen möchte ich im folgenden Anregungen aus der eigenen Praxis geben:

a) Unbeschadet der Tatsache, daß unser Amt in jede seelsorgerliche Situation hineinwirkt, halte ich es für angebracht, bei der Frage nach dem Beten zwischen verschiedenen Gesprächsanlässen zu unterscheiden. Die Frage stellt sich mir in Begegnungen, in denen ich primär als Berater gefragt bin, anders als in solchen, in denen meine ›priesterliche‹ Funktion im Vordergrund steht, und noch einmal anders, wenn ich einen Kennenlernbesuch mache oder in ein ›Gespräch über den Gartenzaun‹ verwickelt werde. In allen Fällen kann ich prinzipiell die Bibel ins Gespräch bringen, mit dem Beten ist das etwas anderes.

b) Am Ende eines Beratungsgesprächs, das um Lebensfragen kreiste, bete ich in der Regel nicht – unter anderem deshalb nicht, weil ich selbst, wenn ich mir bei einem Kollegen oder einer Kollegin Rat hole, auch kein abschließendes Gebet erwarte. Gerade weil ich den gottesdienstlichen Charakter des Gebets ernst nehme, scheue ich auch davor zurück, diesen Ebenenwechsel meinerseits anzusteuern, etwa mit einer entsprechenden Frage. Natürlich werde ich mich umgekehrt der Bitte um ein Gebet nicht verschließen.

Es gibt hier aber noch weitere Spielräume: Es ist nämlich eines, zu beten, ein anderes, das Beten oder einen Gebets*text* ins Gespräch zu bringen. Letzteres halte ich des öfteren für angebracht. Ich verstehe das als die geistliche Ausformung dessen, was im Exkurs »gute Wünsche« genannt wurde. So mag es etwa vorkommen, daß ich jemandem, der einen schweren Weg vor sich hat, eine Spruchkarte mit einem irischen Reisesegen oder mit einem Psalmwort als »Wegzehrung« mitgebe, und je nach Situation verlese ich den Text auch. Bisweilen sage ich: »Ich werde im Gebet an Sie denken« oder: »Ich werde für Sie beten.« Dieser Satz wahrt meines Erachtens die Grenze geistlicher Intimität und ist dennoch von anderer Qualität als ein »alles Gute«. Oft habe ich erlebt, daß Menschen sich für diesen Satz eigens bedankt haben – ein Grund mehr, das Versprochene dann auch zu halten! Ich kann selbstverständlich nicht ausschließen, daß sich der eine oder die andere von einem solchen Satz vereinnahmt fühlt. Aber schädlicher als einen solchen ›Fehler‹ halte ich die Angst vor Fehlern, weil sie lähmt.

c) Anders stellt sich die Frage nach dem Gebet bei Krankenbesuchen oder auch bei Geburtstagsbesuchen. Nicht immer, aber des öfteren steht hier meine ›priesterliche‹ Funktion im Vordergrund: Aus der Sicht meines Gegenübers, das sich in einer Situation des Übergangs oder der Krise befindet, bin ich die Kontaktperson zu Gott – wie gesagt, wir mögen das theologisch differenzierter oder gar anders sehen, dennoch wird diese Erwartungshaltung an uns herangetragen, und anstatt theologisch an ihr herumzudoktern, sollten wir verantwortungsvoll mit ihr umgehen. Hier kann ein Gebet als Element des Abschieds durchaus angebracht sein. Anders als vage läßt sich freilich auch dies nicht sagen. Rezepte gibt es nicht, allenfalls Erfahrungen, von denen ich einige weitergeben möchte:

Auch bei Kranken- oder Geburtstagsbesuchen muß ich vor allem meinem eigenen Gefühl trauen. Negativ gesagt: Wenn mir – aus welchen Gründen auch immer – ein Gebet unangebracht zu sein scheint, lasse ich es (mit gutem Gewissen!), es sei denn, ich werde eigens darum gebeten. Allerdings lasse ich, wie schon öfter betont, mein Gefühl vom vermeintlichen Unglauben des Gegen-

übers nicht überbestimmt sein: Daß nicht ausdrücklich um ein Gebet nachgefragt wird, ist für mich kein Indiz dafür, daß es unerwünscht wäre.
Obwohl es naheliegt, finde ich es problematisch, mein Gegenüber zu fragen, ob es ein Gebet wünsche. Das kommt mir so vor, als würde ich im Zweifelsfall die eigene Unsicherheit weiterdelegieren und dem/der anderen die Verantwortung für die Situation zuschieben. Wenn mir ein Gebet angebracht erscheint, schlage ich es von mir aus vor und achte genau auf die Reaktion. Bin ich immer noch im Zweifel, dann *lese* ich einen Gebetstext. Ich wähle also, wenn man so will, einen mittleren Modus, der dem/der anderen die Wahl läßt, die Worte als Text zu hören oder als Gebet mitzusprechen. Ähnlich verfahre ich übrigens bisweilen am Ende von Kasualgesprächen. Ich sage dann: »Ich möchte Ihnen zum Schluß noch einen Psalm (Gebet, Segenstext) vorlesen, der in dem Gottesdienst, der vor Ihnen liegt, auch vorkommen wird.« Ich habe den Eindruck, daß die Betreffenden öfter, als ich geahnt hätte, nicht nur interessiert zuhören, sondern mitbeten.
d) Nun noch einiges zu Inhalt und Form des Gebets im Rahmen der Seelsorge:
Wie für die biblischen Gesprächsbeiträge, so gilt auch für das Gebet: Sein Inhalt muß sich organisch auf den bisherigen Gesprächsverlauf beziehen. Was im Verlauf des Gespräches relevant wurde, wird im Gebet dankend, klagend, bittend oder fürbittend vor Gott gebracht.
SeelsorgerInnen sollten sich im Vorfeld vor allem mit der *Theologie des Bittgebets* beschäftigt haben[75], weil wir des öfteren mit Fragen nach seiner Wirkung konfrontiert werden und bisweilen auch in Konflikte geraten. Ich denke vor allem an Besuche bei Schwerkranken, die mich baten, um ihre Genesung oder um ein Wunder

---

75 Vgl. dazu außer der in Anm. 72 genannten Literatur noch *U. Eibach*, Theologie in Seelsorge, Beratung und Diakonie 2 (s. oben Anm. 42), 66ff.

zu beten. Ich halte solche Gebetsanliegen nicht grundsätzlich für theologisch abwegig – vorausgesetzt, der/die BeterIn bleibt der Freiheit Gottes eingedenk: »... doch nicht, was ich will, sondern was du willst« (Mk 14,36). Mit Ulrich Eibach bin ich der Meinung, daß der Wunsch nach Heilung vom Seelsorger nicht prinzipiell in die Bitte um Begleitung umgewandelt werden sollte[76]. Aber ich kann in medizinisch aussichtslosen Fällen nur schwer – jedenfalls nicht ohne das »Dein Wille geschehe« deutlich mitzusprechen – Gott um ein Wunder bitten. Ganz problematisch finde ich es, dem Wunsch nach einem Heilungsgebet nachzukommen, wenn aus ihm das Nichtwahrhaben-Wollen des natürlichen Alterungsprozesses spricht. In solchen Fällen halte ich es für wichtig, das Gespräch noch einmal aufzunehmen und meine abweichende Sicht taktvoll, aber offen anzusprechen. Ich weise etwa darauf hin, daß Beten ein Akt des Vertrauens ist, der das ›Risiko‹ beinhaltet, daß Gottes guter Wille mit mir meinen Vorstellungen zuwiderläuft. Und ich versuche im Gebet Formulierungen zu finden, die den Wünschen meines Gegenübers Rechnung tragen, ohne daß ich meinen Glauben verleugnen muß. Etwa: »Gott, du weißt, wie sehr sich N.N. wünscht, daß alles noch einmal gut wird ... Wenn es dein Wille ist, dann laß diesen Wunsch in Erfüllung gehen. Wenn du aber etwas anderes für N.N. beschlossen hast, dann hilf ihm, das Schwere zu tragen. Tröste ihn. Laß keinen Tag vergehen ohne ein Zeichen deiner Treue. Schenk ihm Zeiten der Ruhe und ...«
Über die spezielle Thematik hinaus zeigt das Beispiel Vorteil und Gefahr des frei formulierten Gebetes. Es bietet die Möglichkeit, besonders nahe auf die Situation eines Gesprächspartners bezogen zu sein. Darin liegt aber auch seine Gefahr: Die persönliche Färbung des freien Gebetes kann dem/der anderen auch ein Hindernis sein, innerlich mitzugehen. Dies gilt vor allem dann,

---

76 Vgl. ebd., 119f.

wenn – was kaum vermeidbar ist – im Gebet das zuvor Besprochene mit Wertungen versehen wird, die der/die GesprächspartnerIn womöglich nicht teilt. Deshalb füge ich in aller Regel an ein frei formuliertes Gebet ein Vaterunser und/oder eine Segensbitte an.

Der Vorteil geprägter Gebetssprache, wie sie uns etwa in den Psalmen oder in Gesangbuchstrophen vorgegeben ist, ist nicht zu unterschätzen. Ihre weiträumigen Formulierungen bieten dem/der anderen Raum, sich mit seinen/ihren Anliegen darin einzufinden. Außerdem bilden die geprägte Sprache und die archaischen Bilder eine Atmosphäre des Vertrauens, vermitteln ein Gefühl von Heimat und Geborgenheit und vermögen gerade so zu trösten. Bei älteren Menschen frage ich ab und zu, ob sie einen Lieblingspsalm oder ein Lieblingsgebet haben. Oft werden alte Kindergebete wie »Müde bin ich, geh zur Ruh« gewünscht. Mit Gebeten aus der biblischen und aus der kirchlichen Tradition eine Gesprächssituation aufnehmen zu können, setzt beim Seelsorger allerdings eine gute Kenntnis von Psalmen, Gesangbuchliedern und anderen Gebeten voraus, die er/sie sich mit der Zeit unbedingt aneignen sollte – zumal auch die vorformulierten Gebete möglichst frei, sprich: auswendig gesprochen werden sollten. Wer dazu (noch) nicht in der Lage ist, braucht sich andererseits nicht zu scheuen, ganz bewußt aus der Bibel, die als Heilige Schrift ihrerseits einen hohen Symbolwert hat, vorzulesen. Ich halte dies jedenfalls für geistlicher als den etwas verschämten Blick in eine wie einen Spickzettel gehandhabte »Senfkornbibel«.

Zuletzt: Wenn die Situation es zuläßt und ein Seelsorger sich traut, sollte er Gesangbuchlieder auch einmal singend beten. Die Sprache der Töne reicht weiter und haftet tiefer als das gesprochene Wort. Gerade bei altersverwirrten oder durch einen Schlaganfall sprachgeschädigten Menschen meine ich beobachtet zu haben, daß im Hören der Melodien auch die Inhalte, zumindest deren Gefühlsqualität, präsent wurden.

e) Ich habe diesen Abschnitt mit »Gebet und Segen« überschrieben, weil in der Praxis beide oft ineinander übergehen; vor allem in der Weise, daß ein Gebet mit der Bitte um Segen schließt. Wir sollten uns aber daran erinnern, daß neben der Segensbitte der Segen ein *Sprechakt sui generis* ist. Er ist die eigentliche biblische Form der »guten Wünsche«. Denn hier spreche ich im Namen Gottes und im Vertrauen auf seine Verheißung dem/der anderen Gottes gnädige und behütende Nähe zu.
Vor allem unter den reformierten PfarrerInnen scheuen sich manche, Segen zuzusprechen, aus Angst, dies könne im Sinne des ex opere operato gedeutet oder magisch mißverstanden werden. Ich halte diese Scheu aus vielen Gründen für falsch, begnüge mich hier aber mit dem Hinweis: Gerade reformierte KollegInnen sollten sich von dem Druck freimachen, differenzierter als die Zeugen Alten und des Neuen Testaments sein zu müssen. Dies gilt auch im Blick auf die den Zuspruch des Segens begleitende Geste des Handhebens oder des Handauflegens[77].
Der/die SeelsorgerIn muß, wie beim Gebet, auch beim Segen von Fall zu Fall entscheiden, ob und in welcher Form er angebracht erscheint. Ich möchte nur noch einmal darauf hinweisen, daß auch hier zwischen »alles und nichts« ein großer Spielraum herrscht: von der direkten Segenshandlung über die Segensbitte bis hin zur oben erwähnten Spruchkarte mit einem abgedruckten Segen, den ich vorlesen mag oder auch nicht.
Schließlich noch ein Wort zum Abschiedsgruß im seelsorgerlichen Gespräch: Im Horizont biblischen Segensverständnisses ziehe ich einem »Machen Sie's gut« ein »Alles Gute und Gott befohlen« vor. Denn Seelsorge ist

---

77 Vgl. dazu immer noch *C. Westermann*, Der Segen in der Bibel und im Handeln der Kirche, München 1968, 99ff sowie *Chr. Möller*, 4. Mose 6,22–27, in: Hören und fragen. Eine Predithilfe, hg. von *A. Falkenroth / H.J. Held*, Ergänzungsband zu Bd. 5 und Bd. 6, Neukirchen-Vluyn 1983, 143ff

im Grunde genommen nichts anderes als die ›Langform‹ dieses Grußes.

Schluß: ›Wachstumsfördernde Maßnahmen‹

Auch diesen Teil möchte ich mit einigen Anregungen zur Weiterarbeit beschließen. VikarInnen fragen regelmäßig, wie man lernen könne, die Bibel ins Gespräch zu bringen. Manchmal stellen sie die Frage auch so: »Wie macht man es denn, daß man im richtigen Augenblick auf Ideen kommt?« In dieser Formulierung zeigt sich das Dilemma: Geistesgegenwart kann man eben nicht »machen«! Obwohl es auch manches zu lernen gibt, ziehe ich es deshalb vor, in diesem Zusammenhang von »wachsen« zu reden. So wie es kraft des Heiligen Geistes ein Wachsen im Glauben (2Kor 10,15) und in der Erkenntnis (Kol 1,10) gibt, so ist uns kraft desselben Geistes ein Wachsen »an allen Stücken« (Eph 4,15), also auch an seelsorgerlicher Kompetenz, verheißen. Unser ›Eigenbeitrag‹ (ein bekanntes Erntelied redet von »pflügen« und »streuen«) liegt in der Möglichkeit ›wachstumsfördernder Maßnahmen‹.
Allgemein gesprochen möchte ich in Anlehnung an Karl Barths Diktum von »Bibel und Zeitung«[78] dazu ermutigen, sich um Bibelkunde und Menschenkenntnis zu bemühen. Es geht tatsächlich um beides. Wenn wir die Bibel als Lebenshilfe ins Gespräch bringen wollen, ist eine gründliche Bibelkunde notwendig, aber nicht hinreichend. Wir müssen auch unseren menschlichen Blick für den Mitmenschen schulen, schlichter gesagt: an Menschenkenntnis wachsen.
Menschenkenntnis erlangen wir vor allem auf dem Weg zunehmender Erfahrung, also durch Besuche, Besuche und nochmals Besuche. Die lebendige Begegnung ist

---

78 Vgl. *K. Barth / E. Thurneysen*, Briefwechsel, Bd. 1: 1913–1921, Zürich 1973, 300.

durch nichts zu ersetzen: Probieren geht tatsächlich über studieren. Wohl aber hilft uns das Studium verarbeiteter Erfahrung – sei es als Literatur, sei es als Humanwissenschaft –, unsere Wahrnehmung zu schärfen und die eigenen Erfahrungen zu ordnen.
Ein Verlag warb einmal für Reiseführer mit dem Slogan: »Wer weiß, sieht mehr« – ein guter Satz auch zur Beschreibung der Funktion humanwissenschaftlicher Kenntnisse im Kontext von Seelsorge. Im Blick auf theoretisch erworbenes psychologisches und anderes Wissen wird bisweilen davor gewarnt, ›die Landkarte nicht mit dem Land zu verwechseln‹; das ist sicher richtig. Aber die Alternative kann auch nicht darin bestehen, in unbekannten Gefilden orientierungslos herumzutappen. Am Beispiel des Gesprächs mit dem Alkoholkranken[79] erläutert: Je mehr ich darüber weiß, welche Trübungen ein im Bannkreis der Sucht gefangenes Denken erfährt, desto leichter kann ich es vermeiden, dem Suchtkranken auf den Leim zu gehen, und desto eher werde ich ›auf die Idee kommen‹, eine solche Bibelstelle ins Gespräch zu bringen, die die Verantwortungsproblematik thematisiert.
SeelsorgerInnen sind deshalb gut beraten, wenn sie sich neben der grundlegenden und unverzichtbaren Arbeit an Selbsterfahrung und Gesprächsführungskompetenz nach und nach Kenntnisse über besondere Lebenssituationen, Problemkonstellationen, Krankheitsbilder und anderes zulegen[80].

79 S. oben S. 55f.
80 Ich möchte eine Leseempfehlung weitergeben: Angestoßen durch GastvikarInnen aus unseren Schwesterkirchen in Mittel- und Osteuropa waren wir in unserem Predigerseminarsteam einmal ›gezwungen‹, nicht weitschweifige Literaturlisten anzufertigen, sondern uns festzulegen, welche 1, 2 maximal 3 Bücher pro Fach wir den KandidatInnen als ›Wegzehrung‹ mitgeben wollten. Im Fach Seelsorge haben wir uns nach gebührend langem Hin und Her – gerade unter dem Aspekt der Menschenkenntnis – für die Seelsorgelehre von *H. van der Geest* (s. oben Anm. 16), die beiden Bände

Bibelkunde: Wir werden die Bibel um so fließender ins Gespräch bringen können, als wir sie unsererseits als Seelsorgerin in Anspruch nehmen. Was für die Menschenkenntnis die lebendige Begegnung ist, ist für die Bibelkunde das kontinuierliche eigene Hören! Wie sollen wir die Psalmen als seelsorgerliche Sprachhilfe nutzen, wenn wir uns nicht zuvor selbst von ihnen haben ansprechen und mitnehmen lassen? Wie sollen wir auf die Idee einer Geschichte kommen, wenn wir die biblischen Geschichten nicht in- und auswendig kennen[81]?

In meiner Homiletik habe ich darauf hingewiesen, wie hilfreich es sein kann, mit einem Bibeltext genauso respektvoll umzugehen wie mit einem Gesprächspartner in der Seelsorge, und den Umgang mit dem Text einmal an den Regeln personenzentrierter Gesprächsführung zu orientieren[82]. Hier, wo es um Seelsorge geht, schlage ich vor, die Fragestellung auch umzudrehen, also dem Bibeltext wie ein ›Klient‹ zu begegnen, also nicht nur darauf zu achten, was da steht, sondern ›egoistisch‹ et-

---

»Miteinander Reden« von *F. Schulz von Thun* (zu Bd. 1 s. oben Anm. 24; Bd. 2 hat den Titel: Miteinander reden 2: Stile, Werte und Persönlichkeitsentwicklung. Differentielle Psychologie der Kommunikation, Reinbek bei Hamburg 1990) – hier haben wir getrickst, indem wir die beiden Bände als ein Werk deklariert haben – sowie *K. Dörner / U. Plog*, Irren ist menschlich. Lehrbuch der Psychiatrie/Psychotherapie, Bonn [4]1987 entschieden.

81 Seelsorgerliche Bibelkunde ist mehr als Bibelkenntnis, aber sie hat diese zur Voraussetzung, und eine TheologInnengeneration, die weithin nicht mehr mit der Bibel aufgewachsen ist, hat ein Recht darauf, in Bibelkenntnis gefördert zu werden. Dies müßte bis in die Examensordnung hinein bedacht werden. Im Ensemble der verschiedenen Examensleistungen wiegt eine gründliche Bibelkenntnis vergleichsweise wenig, womit Kirchenleitungen die KandidatInnen dazu verführen, falsche Schwerpunkte zu setzen! Außerdem wünsche ich der jüngsten TheologInnengeneration LehrerInnen, denen es gegeben ist, neben ihrer wissenschaftlichen Leidenschaft auch mit ihrer Liebe zur Heiligen Schrift ansteckend zu wirken.

82 Vgl. *P. Bukowski*, Predigt wahrnehmen (s. oben Anm. 5), 154ff.

wa den Abschnitt der morgendlichen Bibellese oder einen Psalm oder eine Geschichte oder ein Losungswort zu fragen: »Was hast du mir zu sagen?« »Was kann ich mir bei dir für meine Seele, für mein Leben holen?« Und wenn nicht für mich: »Kenne ich eine Lebenssituation oder Lebensfrage, in die hinein du Hilfreiches zu sagen hättest?« Wer die Bibel unter dieser Fragestellung liest, wird manches noch einmal neu hören und vieles entdecken.
Das tägliche Hören kann gefördert und bereichert werden durch Methoden der Bibelauslegung und des Bibelumgangs, die deren seelsorgerliche Dimension hervorheben. Als Beispiel einer Auslegungsmethode nenne ich die tiefenpsychologische Bibelauslegung, als Beispiel einer erlebnisorientierten Umgangsweise das Bibliodrama[83]. Aufgrund einschlägiger Erfahrungen erlaube ich mir die Bemerkung: Wie im Umgang mit Menschen, so wird auch im Umgang mit Bibel und Theologie Wachstum gefördert durch offenes Interesse und gehindert durch Berührungsangst. Wer etwa mit den theologischen Grundentscheidungen Eugen Drewermanns nicht einverstanden ist, wäre doch schlecht beraten, wenn er dessen Auslegungen prinzipiell meiden würde, denn in ihnen – zumal in Drewermanns ›Frühwerk‹ – finden sich eine Fülle von Anregungen zur seelsorgerlichen Dimension biblischer Texte. Umgekehrt: Man muß kein Barthianer sein und auch keiner werden wollen, um zur Kenntnis zu nehmen, daß sich etwa in Karl Barths Sündenlehre – vor allem in KD IV/2 – Passagen finden, die gerade auch psychologisch denkbar feinsinnig und tiefgründig sind. Innerhalb der Psychotherapie hat man längst begriffen, daß Eklektizismus nicht zwangsläufig mit Profillosigkeit

---

83 Zu diesen und anderen Methoden vgl. einführend Das Buch Gottes. Elf Zugänge zur Bibel. Ein Votum des *Theologischen Ausschusses der Arnoldshainer Konferenz*, Neukirchen-Vluyn 1992 sowie *Y. Spiegel* (Hg.), Doppeldeutlich. Tiefendimensionen biblischer Texte, München 1978.

einhergehen muß. Da haben viele TheologInnen noch einiges vor sich!

Wir sollten unsere seelsorgerlichen Erfahrungen mit der Bibel im Kreis von KollegInnen besprechen, durchaus auch unter supervisorischer Anleitung. Im Austausch mit anderen werden wir uns klarer darüber, welche Texte uns besonders ansprechen (und auf welche Weise), und wir können aus den geistlichen Erfahrungen anderer lernen. Hier ist auch der Ort, negative Erfahrungen mit der Bibel aufzuarbeiten, vor allem solche Situationen, wo Worte der Bibel dazu mißbraucht wurden, uns oder andere in Abhängigkeit zu halten, zu kontrollieren oder zu ängstigen. Es ist im Blick auf die Seelsorge unerläßlich, uns bei uns und anderen ›angeschaut‹ zu haben, wie der Seele unter Zuhilfenahme biblischer Bilder Schaden zugefügt worden ist, wo also »Gottesvergiftung« (Tilmann Moser) stattgefunden hat. Je mehr wir uns mit dieser, zwar auf Mißbrauch basierenden, doch gleichwohl realen Wirkungsgeschichte der Bibel auseinandersetzen, desto – nicht ängstlicher, wohl aber – achtsamer wird unser eigener Bibelgebrauch sein.

Wachstum wird gefördert durch Hinhören, wie die Bibel als Seelsorgerin zu uns redet. Daneben sollten wir auch aufnehmen, was sie uns an Menschenkenntnis zu lehren weiß. Denn sie ist ja die große Menschenkennerin, weshalb sie von Psychologen gleich welcher Couleur aufmerksam zur Kenntnis genommen und ausgelegt worden ist (ob immer angemessen, mag hier auf sich beruhen). Wir können dies tun, indem wir uns mehr rezeptiv mit Themen biblischer Anthropologie und Ethik befassen. Hilfreicher, weil näher an der Seelsorge, finde ich es, wenn wir uns seelsorgerelevante Themen über die Predigtarbeit erschließen: Sünde und Schuld, Größenphantasien und Minderwertigkeitsgefühle, Vergebung, Konkurrenz, Ehe, Freundschaft, Liebe, Sexualität, Gesundheit und Krankheit, Umgang mit der Zeit, Sterben, Tod und Auferstehung, um nur einige wichtige Themen zu nennen, zu denen die Bibel viel zu sagen weiß.

Zuletzt sei auch hier noch einmal an das Auswendiglernen erinnert. Auswendiglernen ist ja weit mehr als ein bloß äußerlicher, gar mechanischer Vorgang[84]. Angemessener wäre es, von »Inwendiglernen« zu reden. Das Englische trifft den Kern der Sache: »learning by heart« – darum geht es, daß wir uns gute Worte zu Herzen nehmen, wie es die Weihnachtsgeschichte von Maria erzählt: »Maria aber behielt alle diese Worte und bewegte sie in ihrem Herzen.« (Lk 2,19) Wir können nicht »machen«, daß wir Ideen bekommen, aber wir können geistliche Schätze sammeln, damit wir in dürftiger Zeit etwas mit-zu-teilen haben.

---

84 Vgl. *R. Bohren*, In der Tiefe der Zisterne. Erfahrungen mit der Schwermut, München 1990, 58ff.